Deutsche Grammatik

System und Praxis 〈Leicht〉 2

別冊問題集

IKUBUNDO

Lektion 1

1. 動詞を現在人称変化させて文章を完成し，和訳してみよう。

1) Woher __________ Maria? — Sie __________ aus Berlin. (kommen)

2) Ich__________in Hamburg. __________ Sie auch in Hamburg? (wohnen)

3) Wie __________ du? — Ich __________ Leon. (heißen)

4) __________ du gern? — Ja, ich __________ viel. (reisen)

5) Wo __________ Frau Schmidt? — Sie __________ bei Porsche. (arbeiten)

2. 動詞を現在人称変化させて文章を完成し，和訳してみよう。

1) __________ Sie Student? — Ja, ich __________ Jura. (sein, studieren)

2) __________ du Fieber? — Nein, ich __________ nicht krank. (haben, sein)

3) __________ ihr Durst? — Ja, Paul und ich __________ Cola. (haben, trinken)

4) Herr Müller__________ Pilot. Er__________ heute nach München. (sein, fliegen)

5) Wie __________ du Deutsch? — Deutsch __________ interessant. (finden, sein)

3. 下線部が答えとなる疑問文を作ってみよう。

1) ____

Wir trinken gern <u>Bier</u>.

2) ____

Ich spiele <u>morgen</u> Fußball.

Lektion 2

1. ＿＿＿＿には定冠詞を，…………には不定冠詞を補って文章を完成し，和訳してみよう。

1) Ist das ………… Kuli(*m.*)? — Nein, das ist ………… Füller(*m.*).

2) Wessen Handy ist das? — Das ist ＿＿＿＿ Handy(*n.*) ＿＿＿＿ Freundes(*m.*).

3) Ist ＿＿＿＿ Brot(*n.*) lecker? — Ja, und ＿＿＿＿ Kuchen(*m.*) ist auch lecker.

4) Wir haben ………… Wohnung(*f.*). ＿＿＿＿ Wohnung ist ganz neu.

5) Schreibst du morgen ＿＿＿＿ Japanerin(*f.*) ………… E-Mail(*f.*)?
— Nein, ich besuche heute ＿＿＿＿ Japanerin.

6) Da steht ………… Student(*m.*). — ＿＿＿＿ Student ist sehr fleißig.

2. ＿＿＿＿に人称代名詞を入れて文章を完成し，和訳してみよう。

1) Was kostet der Käse? — ＿＿＿＿ kostet 5,20 Euro.

2) Was kostet das Bier? — ＿＿＿＿ kostet 2,15 Euro.

3) Was kostet die Wurst? — ＿＿＿＿ kostet 1,18 Euro.

4) Was kosten das Buch und das Heft? — ＿＿＿＿ kosten 17,10 Euro.

3. 下線部が答えとなる疑問文を作ってみよう。

1) ＿＿＿＿＿＿＿＿＿＿＿＿＿＿＿＿＿＿＿＿＿＿＿＿

Ben liebt <u>die Studentin</u>.

2) ＿＿＿＿＿＿＿＿＿＿＿＿＿＿＿＿＿＿＿＿＿＿＿＿

Ich schenke <u>dem Kind</u> die Bleistift.

Lektion 3

1. 下線部の名詞を複数形にして全文を書き換え，和訳してみよう。

1) Er zeigt dem Schüler (*m.*-s /-) ein Bild.

____

2) Das Sofa (*n.* -s / -s) ist sehr teuer.

____

3) Wie findest du den Stuhl (*m.* -(e)s / Stühle)?

____

4) Ich suche hier eine Bluse (*f.* - / -n) .

____

5) Der Vater des Kindes (*n.* -(e)s / -er) ist Engländer.

____

2. 適切な人称代名詞を入れて文章を完成し，全文を和訳してみよう。

1) Dankt die Mutter dem Arzt? — Ja, sie dankt _______ herzlich.

2) Schenkt Herr Braun der Frau den Ring? — Ja, er schenkt________ ________.

3) Wann besuchst du die Professorin? — Ich besuche ________ morgen.

4) Trinken wir jetzt den Tee ? — Nein, wir trinken ______ später.

5) Die Jungen spielen da Fußball. Der Lehrer fotografiert ______.

3. 下線部が答えとなる疑問文を作ってみよう。

1) ____

Das Haus hat sieben Zimmer.

2) ____

Der Bahnhof ist fünfundzwanzig Jahre alt.

Lektion 4

1. 不規則動詞を現在人称変化させて文章を完成し，和訳してみよう。

1) ＿＿＿＿＿ du den Bus? — Nein, ich gehe zu Fuß. (nehmen)

2) Wohin ＿＿＿＿＿ der Zug? — Das ＿＿＿＿＿ ich leider nicht. (fahren, wissen)

3) Max bestellt eine Suppe und ＿＿＿＿＿ sie. (essen)

4) Dort ＿＿＿＿＿ es eine Kirche. Die Kirche heißt Peterskirche. (geben)

5) Matteo ist Italiener. Er ＿＿＿＿＿ immer eine Sonnenbrille. (tragen)

2. 単語を適切に変化させて du / ihr/ Sie に対する命令形を作ってみよう。

1) また私に便りをください。(schreiben / ich / wieder)

du →＿＿＿＿＿＿＿＿＿＿＿＿＿＿＿＿

ihr →＿＿＿＿＿＿＿＿＿＿＿＿＿＿＿＿

Sie →＿＿＿＿＿＿＿＿＿＿＿＿＿＿＿＿

2) 明日私たちを手伝ってください。(helfen* +3 格 / wir / morgen)

du →＿＿＿＿＿＿＿＿＿＿＿＿＿＿＿＿

ihr →＿＿＿＿＿＿＿＿＿＿＿＿＿＿＿＿

Sie →＿＿＿＿＿＿＿＿＿＿＿＿＿＿＿＿

3) そんなに怒らないでください。(sein* / böse / so / nicht)

du →＿＿＿＿＿＿＿＿＿＿＿＿＿＿＿＿

ihr →＿＿＿＿＿＿＿＿＿＿＿＿＿＿＿＿

Sie →＿＿＿＿＿＿＿＿＿＿＿＿＿＿＿＿

3. 下線部が答えとなる疑問文を作ってみよう。

1) ＿＿＿＿＿＿＿＿＿＿＿＿＿＿＿＿＿＿＿＿＿＿

Hier gibt es <u>ein Hotel.</u>

2) ＿＿＿＿＿＿＿＿＿＿＿＿＿＿＿＿＿＿＿＿＿＿

Da sprechen <u>die Kinder</u> laut.

Lektion 5

1. 定冠詞類を格変化させて文章を完成し，和訳してみよう。

1) __________ Morgen(*m.*) mache ich selbst Frühstück. (jeder)

2) __________ Kuchen(*pl.*) hier schmecken sehr gut. __________ Kuchen(*m.*) kaufst du heute? (aller / welcher)

3) Wir machen __________ Jahr(*n.*)Urlaub in Wien. (dieser)

4) __________ Mensch(*m.*) hat __________ Probleme(*pl.*). (jeder / solcher)

5) Kennst du den Sohn __________ Mannes(*m.*)? (dieser)

2. 不定冠詞類を入れて文章を完成し，和訳してみよう。

1) Ist das ein Museum(*n.*)? — Nein, das ist ________ Museum.

2) Wie ist ________ Name(*m.*)? — Mein Name ist Klaus Baumann.

3) Frau Schneider hat eine Tochter(*f.*). — ________ Tochter ist acht Jahre alt.

4) Thomas studiert jetzt in Japan. Er schreibt ________ Eltern(*pl.*) oft eine E-Mail.

5) Habt ihr Haustiere(*pl.*) ? — Nein, wir haben ________ Haustiere.

3. 下線部が答えとなる疑問文を作ってみよう。

1) ____

<u>Doch, er hat ein Wörterbuch</u>.

2) ____

<u>Ja, ich bin Ingenieurin von Beruf</u>.

3) ____

<u>Doch, wir machen gern Sport</u>.

Lektion 6

1．下記の前置詞をカッコ内に入れて文章を完成し，和訳してみよう。

1) Sabine geht am Samstag (　　　) das Café und isst einen Kuchen.

2) Im Sommer fahren wir (　　　) dem Zug (　　　) München.

3) Er hängt den Kalender (　　　) die Tür und stellt die Uhr (　　　) den Tisch.

4) Sie braucht Kartoffeln und Zwiebeln (　　　) die Suppe.

5) Trinkst du Kaffee (　　　) Milch? − Ja, ich trinke gern Kaffee schwarz.

【an　auf　für　in　mit　nach　ohne】

2．カッコ内に前置詞を入れて文章を完成し，和訳してみよう。

1) Er wartet hier (　　　) den Bus.

2) Sind Sie (　　　) Ihrem Leben zufrieden?

3) Frau Bauer ist stolz (　　　) ihren Sohn.

4) Ich danke Ihnen (　　　) Ihre Hilfe.

5) Denk(e) immer (　　　) deine Gesundheit!

3．下線部が答えとなる疑問文を作ってみよう。

1) ____

Wir essen gern <u>Mozzarella</u>.（Käse を使う）

2) ____

Er macht <u>im August</u> Urlaub.

3) ____

Ich kaufe jetzt <u>diesen Saft</u>.（Saft を使う）

Lektion 7

1．助動詞を現在人称変化させて文章を完成し，和訳してみよう。

1) Unserе Tochter ist klein. Sie __________ noch nicht Fahrrad fahren. (können)

2) Rainer hat Hunger. Er __________ etwas essen. (müssen)

3) Hier ist es sehr warm. __________ ich das Fenster öffnen? (sollen)

4) Karin studiert Medizin. Sie __________ Ärztin werden. (wollen)

5) Es ist schon 23 Uhr. __________ ich ins Bett gehen? (dürfen)

2．下記の単語を適切な形で１回のみ用いて文章を完成し，和訳してみよう。

1) Dieser Supermarkt ist sehr groß. Hier __________ ich alles kaufen.

2) Morgen ist Sonntag. Wir __________ nicht arbeiten.

3) Das Kind schläft tief. Du __________ nicht laut sprechen.

4) Der Himmel ist dunkel. Bald __________ es regnen.

5) __________ du mitkommen? — Nein, ich habe leider keine Zeit.

【 dürfen können möchten müssen werden 】

3．下線部が答えとなる疑問文を作ってみよう。

1) ____

Das Konzert beginnt <u>um zwanzig Uhr</u>.

2) ____

Danke, es geht uns <u>sehr gut</u>.

3) ____

Es ist jetzt <u>halb sechs</u>.

Lektion 8

1．分離動詞を現在人称変化させて文章を完成し，和訳してみよう。

1) Der Unterricht __________ um halb neun __________. (anfangen)

2) __________ du in diesem Semester an dem Seminar __________ ? (teilnehmen)

3) __________ Sie mich morgen __________! (anrufen)

4) Heute __________ kein Deutschkurs __________. (stattfinden)

5) Elias __________ immer sehr spät nach Hause __________. (zurückkommen)

2．カッコ内の接続詞を用いて b) の文を a) の文に結び，和訳してみよう。

1) a) Wir spielen morgen Fußball. b) Das Wetter ist schön. (wenn)

____

2) a) Ich möchte mit dir ins Kino gehen. b) Ich muss leider noch arbeiten. (aber)

____

3) a) Wissen Sie? b) Kommt der Zug aus Berlin pünktlich an? (ob)

____

4) a) Kyoko hat kein Auto. b) Sie kann nicht Auto fahren. (denn)

____

5) a) Leo jobbt am Wochenende in einem Café. b) Er will nach Japan reisen. (weil)

____

3．下線部が答えとなる疑問文を作ってみよう。

1) ____

Ich lerne jeden Tag viel, <u>weil ich die Prüfung unbedingt bestehen muss</u>.

2) ____

<u>Nein, ich kann nicht gut Deutsch sprechen</u>.

Lektion 9

1. 動詞の三基本形を完成してみよう。

	不定詞	過去基本形	過去分詞	
1)	kaufen	______	______	買う
2)	______	verkaufte	______	売る
3)	______	reservierte	______	予約する
4)	antworten	______	______	答える
5)	______	______	abgefahren	発車する
6)	bekommen	______	______	手に入れる

2．カッコ内の動詞を用いて過去形の文章を完成し，和訳してみよう。

1) Früher ______ es hier eine Post. (geben*)

2) Ich ______ in Köln, als ich klein ______ . (wohnen / sein*)

3) Hänsel und Gretel ______ in den Wald. (gehen*)

4) Oliver ______ gestern Magenschmerzen. (haben*)

5) Wir ______ Musik in Wien. (studieren)

6) ______ du damals schnell laufen? (können*)

3．下線部が答えとなる疑問文を作ってみよう。

1) ________________________________

Goethe starb 1832 in Weimar.

2) ________________________________

Ich war zehn Jahre alt, als der Krieg ausbrach.

Lektion 10

1．カッコ内の動詞を用いて現在完了形の文章を完成し，和訳してみよう。

1) Wir __________ im September nach Italien __________. (fliegen*)

2) Das Essen __________ mir sehr gut __________. (schmecken)

3) __________ du schon deine Eltern __________ ? (anrufen*)

4) Im Café __________ Anna ein Eis __________. (bestellen)

5) Wann __________ Sie nach Köln __________ ? (umziehen*)

6) Im Stadion __________ der Fußballspieler viel __________. (trainieren)

2．カッコ内に再帰代名詞を入れて文章を完成し，和訳してみよう。

1) Endlich habe ich (　　　　) ein Auto gekauft.

2) Jetzt beschäftigt er (　　　　) mit diesem Thema.

3) Ich freue (　　　　) sehr auf unser Wiedersehen.

4) Der Zug hat (　　　　) fünfzehn Minuten verspätet.

5) Erinnern Sie (　　　　) noch an Ihre Heimat?

6) Nach dem Essen sollst du (　　　　) die Zähne putzen.

3．下線部が答えとなる疑問文を作ってみよう。

1) ____

Meine Frau hat <u>vor einem Jahr</u> die Reise geplant.

2) ____

Wir treffen uns heute Abend <u>vor dem Kino</u>.

3) ____

<u>Ja, ich interessiere mich für die Umweltschutz</u>.

Lektion 11

1．下線部の形容詞の反意語を格変化させてカッコに入れ，和訳してみよう。

1) Mein Koffer ist zu <u>schwer</u>. Ich suche jetzt einen (　　　　) Koffer.

2) Ich finde das Buch <u>langweilig</u>. — Dann kann ich dir ein (　　　　) Buch empfehlen.

3) Der <u>alte</u> Mann da ist Maler. Die (　　　　) Frau hier ist Fotografin.

4) Martin möchte <u>kaltes</u> Bier trinken, aber Lina möchte (　　　　) Suppe essen.

5) Früher gab es hier nur (　　　　) Geschäfte. Heute haben wir einen <u>großen</u> Supermarkt.

2．適切な形容詞を格変化させて文章を完成し，和訳してみよう。

1) Der Student kommt aus Japan. — Wir kennen auch den ____________ Studenten.

2) Man importiert heute viele Autos aus Deutschland.
— Ich bin auch sehr zufrieden mit meinem ____________ Auto.

3) Der Vater von Julia ist Amerikaner.
— Sie hat auch die ______________ Staatsangehörigkeit.

4) Herr Bachmann fährt oft nach Frankreich.
— Ja, er handelt mit einer _____________ Firma.

5) Viele Chinesen reisen heute nach Deutschland.
— In München habe ich auch überall ___________ Touristen gesehen.

3．下線部が答えとなる疑問文を作ってみよう。

1) ____

Heute ist der <u>11. November</u>.

2) ____

Man baute <u>am 13. August 1961</u> die Mauer in Berlin.

Lektion 12

1. 下線部に形容詞や副詞の原級，比較級，最上級を入れ，和訳してみよう。

1) Ich bin nicht so __________ (fleißig) wie er.

2) Andrea isst Fleisch __________ (gern) als Fisch.

3) Stefan ist der __________ (gut) Schüler in unserer Klasse.

4) Ich habe drei Schwestern. Meine __________ (jung) Schwester lebt noch bei meinen Eltern.

5) Der Turm ist ______________ (hoch) in dieser Stadt.

6) Der Flug nach Deutschland ist im August ______________ (teuer).

2. b) の文を zu 不定詞句にして a) の文に結び，和訳してみよう。

1) a) Wir müssen versuchen. b) Wir schützen unsere Umwelt.

____

2) a) Es ist leicht. b) Man kritisiert nur immer und macht nichts.

____

3) a) Ich habe heute keine Zeit. b) Ich hole meine Großeltern vom Flughafen ab.

____

4) a) Julia geht ins Kino. b) Sie sieht zu Hause einen Film. (statt...zu 不定詞を使う)

____

5) a) Frank antwortet mir sofort. b) Er zögert nicht. (ohne...zu 不定詞を使う)

____

3. 下線部が答えとなる疑問文を作ってみよう。

1) ____

<u>Dieser Potliker</u> ist am beliebtesten in Deutschland.

2) ____

Wir fahren zu unseren Eltern, <u>um mit ihnen Weihnachten zu feiern</u>.

Lektion 13

1. 定関係代名詞を用いて b) の文を a) の文に結び，和訳してみよう。

1) a) Die Frau ist meine Mutter. b) Die Frau spielt da Klavier.

____

2) a) Das ist das Problem. b) Wir müssen jetzt das Problem lösen.

____

3) a) Die Bücher sind sehr schwierig. b) Karl hat gestern die Bücher gekauft.

____

4) a) Die Schule heißt Sebastianschule. b) Ich habe in der Schule gelernt.

____

5) a) Endlich kommt der Zug. b) Du hast lange auf den Zug gewartet.

____

2. 指示代名詞を入れて文章を完成し，和訳してみよう。

1) Da sitzt der Junge aus Syrien. (　　　　) spricht schon perfekt Deutsch.

2) Frau Mohr lädt heute ihre Freundin und (　　　　) Mann zu einer Party ein.

3) Sein Werk ist viel besser als (　　　　) seines Sohnes.

4) Herr Tanaka, (　　　　) ist Herr Brandt. Mit (　　　　) können Sie immer Ihre Probleme in Deutschland besprechen.

3. 下線部が答えとなる疑問文を作ってみよう。

1) ______________________________

Das Dorf, in dem wir im Sommer wohnen, heißt <u>Obersdorf</u>.

2) ______________________________

Der Mann, dem ich gerade gewinkt habe, ist <u>mein Vater</u>.

3) ______________________________

Das Gebäude, das hier vor dir steht, ist <u>das alte Rathaus</u>.

Lektion 14

1. 受動文に書き換えて和訳してみよう。

1) Meine Frau weckt mich jeden Morgen.

2) Sein Vater gab ihm die alte Uhr.

3) Die Operation hat unsere Tochter gerettet.

4) Man isst hier nur selten rohen Fisch.

5) In Deutschland demonstriert man oft.

2. 能動文に書き換えて和訳してみよう。

1) Ich wurde gestern von einem fremden Mann angeredet.

2) Heute Abend wird in dem Saal getanzt.

3) Das Unglück ist durch einen Zufall verhindert worden.

3. 下線部が答えとなる疑問文を作ってみよう。

1) ____________________

Die Täter wurden von der Polizei verhaftet.

2) ____________________

Das Museum ist im Sommer geschlossen.

3) ____________________

Das Denkmal wurde von einem amerikanischen Architekten geplant.

Lektion 15

1. 間接話法に書き換えて和訳してみよう。

1) Er sagte zu mir: „Ich besuche heute meine Großmutter."

____

2) Inge schrieb: „Ich war am Wochenende in München."

____

3) Herr Huber hat gestern gesagt: „Ich habe diesen Bericht schon gelesen."

____

4) Lukas fragte mich: „Kannst du mit mir den Bundestag besichtigen?"

____

2. 非現実話法の文章を完成してみよう。

1) Wenn es heute nicht __________ , __________ wir mit dir spazieren.
(regnen / gehen*)

もしも今日雨が降っていないなら，私たちはきみと一緒に散歩をするのに。

2) Wenn es gestern nicht __________ __________ ,
__________ wir mit dir spazieren __________.

もしも昨日雨が降っていなかったら，私たちはきみと一緒に散歩をしたのに。

3) Wenn mein Auto nicht kaputt __________ , __________ ich Sie zum Bahnhof.
(sein* / bringen*)

もしも私の車が壊れていないなら，私はあなたを駅へ乗せていくのに。

4) Wenn mein Auto nicht kaputt __________ __________,
__________ ich Sie zum Bahnhof __________.

もしも私の車が壊れていなかったら，私はあなたを駅へ乗せていったのに。

3. 下線部が答えとなる疑問文を作ってみよう。

1) ____

Der Zug nach Hamburg fährt <u>um 9:45 Uhr</u> ab.

(können の接続法第２式を使って丁寧な依頼文にする)

2) ____

Ich würde <u>Philosophie</u> studieren, wenn ich jünger wäre.

Deutsche Grammatik

— System und Praxis —

⟨Leicht⟩²

Ryozo Maeda

Yoko Takagi

ikubundo

この教科書の音声は、下記の郁文堂のホームページよりダウンロードすることができます。

http://www.ikubundo.com/related/43

本文中のこのマークは音声収録箇所を示しています。数字は頭出しの番号です。

ドイツ語圏地図

1:5,430,000
0
100
200km
Schweden
Kopenhagen
Dänemark
Ostsee
Nordsee
Flensburg
Husum
Kiel
Schleswig-Holstein
Neumünster
Stralsund
Rostock
Cuxhaven
Freiburg(Elbe)
Lübeck
Mecklenburg-Vorpommern
Schwerin
Wilhelmshaven
Bremerhaven
Hamburg
Neubrandenburg
Müritz
Emden
Lüneburg
Wittenberge
Oldenburg
Bremen
Niedersachsen
Elbe
Brandenburg
Warthe
Ems
Weser
Celle
Wolfsburg
Potsdam
Berlin
Polen
Osnabrück
Hannover
Frankfurt an der Oder
Niederlande
Hildesheim
Braunschweig
Salzgitter
Magdeburg
Eisenhüttenstadt
Münster
Bielefeld
Hameln
Sachsen-Anhalt
Rhein
Dessau-Roßlau
Cottbus
Oder
Nordrhein-Westfalen
Essen
Dortmund
Duisburg
Bochum
Göttingen
Neiße
Halle(Saale)
Kassel
Leipzig
Düsseldorf
Solingen
Meißen
Sachsen
Dresden
Saale
Köln
Eisenach
Weimar
Erfurt
Jena
Gera
Chemnitz
Aachen
Bonn
Hessen
Thüringen
Zwickau
Marburg
Fulda
Suhl
Belgien
Gießen
Deutschland
Koblenz
Bingen am Rhein
Prag
Rheinland-Pfalz
Wiesbaden
Frankfurt am Main
Main
Luxemburg
Mainz
Darmstadt
Bayreuth
Tschechische Republik
Luxemburg
Trier
Würzburg
Bamberg
Worms
Mannheim
Nürnberg
Saarland
Heidelberg
Rothenburg ob der Tauber
Moldau
Mosel
Saarbrücken
Weinsberg
Regensburg
Bayern
Karlsruhe
Stuttgart
Donau
Baden-Baden
Isar
Passau
Krems an der Donau
Tübingen
Neckar
Ulm
Wien
Frankreich
Augsburg
Inn
Linz
Baden-Württemberg
München
Eisenstadt
Freiburg im Breisgau
Ammersee
Starnberger See
Salzburg
Neusiedler See
Chiemsee
Bodensee
Garmisch-Partenkirchen
Füssen
Konstanz
Watzmann(2713)
Basel
Bregenz
Zugspitze(2962)
Österreich
Zürich
Innsbruck
Graz
Zürichsee
Vaduz
Großglockner (3798)
Bern
Liechtenstein
Schweiz
Lienz
Villach
Klagenfurt
Lausanne
Eiger(3970)
Jungfrau (4158)
Slowenien
Genfersee
Genf
Bellinzona
Italien
Matterhorn(4478)
Lugano
Monte Rosa(4634)
Mont Blanc(4810)

まえがき

本書にはドイツ語文法の入門教科書として２つのねらいがあります。ひとつは，基本的な文法知識を体系的に概観しながら，個々の項目を確実に学習できるようにすること。もうひとつは，表現練習を通じて，学習した文法事項を実践的な表現力として生かせるようにすることです。

上記のような観点から，本書では次のような工夫をしてみました。

1. 最重要の文法事項は変化表をそのつど示し，事項の全体を概観できるように配慮した。
2. 文法事項を確実に身につけることができるよう，各項目の後に確認練習を付した。
3. 本文中の例文や確認練習の問題文は，文法構造が明らかに理解できることを第一に考え，あえて nicht authentisch な文も採用した。
4. 各課末に発展練習を付し，実用性の高い表現やさまざまなテーマにわたる語彙を学べるようにした。ここでは例文は authentisch なものを選ぶよう努めた。
5. さらにコラムと語彙集を付して，発展練習の内容理解を深め，応用性を高めることができるよう考慮した。

本書は従来型の文法教科書の枠組みを踏襲していますが，多様な練習問題によって発信型の語学力養成をめざすクラスにも対応できるよう配慮しました。練習問題はかなり多いので，適宜取捨選択していただければと思います。先生方や学生の皆さんのご助言・ご批判をいただければ幸いです。

立教大学教授 Michael Feldt 氏には原稿に目を通して種々のご助言をいただきました。この場を借りてお礼申し上げます。

2002 年　初秋

著　者

再改訂にあたって

前回の改訂から３年半が経過しました。大学におけるドイツ語学習者の関心や語学学習への姿勢にも変化が見られ，ドイツ語圏の社会もまた変化しています。これを受けて，今回は主に次の点を改めました。

1. 全体的に単語数や問題の分量を減らし，内容を軽くしました。また初級段階では複雑と思われる文法事項は後ろの「文法の補足」にまわしました。
2. 問題の解答を書き込み式にしました。
3. コラムの内容を最新の情報をもとにアップデートしました。

今回も，ご使用くださいました先生方から貴重なご意見・ご提案をいただき，参考にさせていただきました。

再改訂を快諾していただいた郁文堂編集部の皆様に，お礼申し上げます。

2012年　立秋

著　者

第３回改訂にあたって

2008年の改訂，2012年の再改訂を経て，今回の改訂が３回目となります。今回も，コラムの内容を更新したほか，ご使用くださいました先生方からのご指摘およびご提案を参考に，発展練習や独作文の問題を改めました。

第３回改訂もまた快諾していただきました郁文堂編集部の皆様に，心からお礼を申し上げます。

2019年　初夏

著　者

目　次

ドイツ語のアルファベート

Das Alphabet

A	a	*A*	*a*	[aː]	Q	q	*Q*	*q*	[kuː]
B	b	*B*	*b*	[beː]	R	r	*R*	*r*	[ɛr]
C	c	*C*	*c*	[tseː]	S	s	*S*	*s*	[ɛs]
D	d	*D*	*d*	[deː]	T	t	*T*	*t*	[teː]
E	e	*E*	*e*	[eː]	U	u	*U*	*u*	[uː]
F	f	*F*	*f*	[ɛf]	V	v	*V*	*v*	[faʊ]
G	g	*G*	*g*	[geː]	W	w	*W*	*w*	[veː]
H	h	*H*	*h*	[haː]	X	x	*X*	*x*	[ɪks]
I	i	*I*	*i*	[iː]	Y	y	*Y*	*y*	[ʏ́psilɔn]
J	j	*J*	*j*	[jɔt]	Z	z	*Z*	*z*	[tsɛt]
K	k	*K*	*k*	[kaː]					
L	l	*L*	*l*	[ɛl]	Ä	ä	*Ä*	*ä*	[ɛː]
M	m	*M*	*m*	[ɛm]	Ö	ö	*Ö*	*ö*	[øː]
N	n	*N*	*n*	[ɛn]	Ü	ü	*Ü*	*ü*	[yː]
O	o	*O*	*o*	[oː]					
P	p	*P*	*p*	[peː]		ß		*ß*	[ɛs-tsɛ́t]

発　音

基本的にローマ字式に読みます。名詞は頭文字を大文字で書きます。

3

■母音

1）アクセントは原則として最初の母音（第 1 音節）にあります。

2）アクセントのある母音の後に子音が 1 個の場合，その母音は長音になります。

haben　持っている　　leben　生きている

3）アクセントのある母音の後に子音が 2 個以上の場合，その母音は短音になります。

kommen　来る　　denken　考える

4）重母音 aa, ee, oo は長音になります。

Aal　うなぎ　　Tee　紅茶　　Boot　ボート

5）母音＋ h の場合，h は読まず，前の母音を長く発音します。

gehen　行く　　sehen　見る

a [aː][a]	Name	名前	Mann	男性		
e [eː][ɛ][ə]	geben	与える	Heft	ノート	Garten	庭
i [iː][ɪ]	Bibel	聖書	trinken	飲む		
o [oː][ɔ]	Vogel	鳥	Gott	神		
u [uː][ʊ]	Hut	帽子	Mutter	母		
ä [ɛː][ɛ]	Käse	チーズ	Bäcker	パン屋		
ö [øː][œ]	Öl	油	können	できる（= can）		
ü [yː][ʏ]	üben	練習する	Glück	幸福		
ai, ei [aɪ]	Mai	5 月	nein	いいえ（= no）		
au [aʊ]	Baum	木	Haus	家		
äu, eu [ɔʏ]	Bäume	木々	neu	新しい		
ie [iː]	lieben	愛する	tief	深い		

■子音

b [b][p]	Bluse	ブラウス	halb	半分の（= half）
d [d][t]	danken	感謝する	Kind	子供
g [g][k]	Geld	お金	Tag	日
ch（a, o, u, au の後）[x]	Nacht	夜	noch	まだ
	Buch	本	auch	～もまた（= also）
ch（上記以外）[ç]	ich	私は	Kirche	教会
chs [ks]	Fuchs	きつね	Lachs	鮭
語末の -ig [ıç]	König	王	billig	安い
j [j]	Japan	日本	ja	はい（= yes）
pf [pf]	Kopf	頭	Apfel	リンゴ
語末の -er, -r の母音化 [ɐ]	aber	しかし（= but）	Uhr	時計
母音の前の s [z]	Sonne	太陽	Rose	薔薇
ss, ß [s]	essen	食べる	Fußball	サッカー
sch [ʃ]	Schnee	雪	Mensch	人間
語頭の sp [ʃp]	spielen	遊ぶ	Sport	スポーツ
語頭の st [ʃt]	Straße	道	Student	学生
th, dt [t]	Theater	劇場	Stadt	都市
tsch [tʃ]	Deutsch	ドイツ語	tschüs	バイバイ
v [f]	Vater	父	viel	多い
[v]	Vase	花瓶	November	11 月
w [v]	Wasser	水	Wein	ワイン
x [ks]	Examen	試験	Taxi	タクシー
z [ts]	Zeit	時間	Arzt	医者
ds, ts, tz [ts]	abends	晩に	nachts	夜に
	jetzt	いま		

5 日常会話の基本的表現

Guten Morgen,
Herr Müller!
おはよう，ミュラーさん。

Guten Tag,
Frau Schmidt!
こんにちは，シュミットさん。

Guten Abend!
こんばんは。

Gute Nacht!
おやすみ。

Auf Wiedersehen!
さようなら。

Tschüs!
バイバイ。

Entschuldigung!
すみません。

Danke schön!
どうもありがとう。
Bitte schön!
どういたしまして。

Bitte!
どうぞ。

LEKTION 1　動詞の現在人称変化（1）

1 現在人称変化

動詞の**不定詞**（wohnen　住む）は，原則として**語幹**（wohn-）と**語尾**（-en）から成り立っています。
動詞は主語に応じて語尾が変わります。このように人称変化した動詞を**定動詞**といいます。

数	人称		語尾	wohnen
単数	1人称	**ich** (*I*) 私は	-e	wohne
	2人称（親称）	**du** (*you*) きみは	-st	wohnst
	3人称	**er/sie/es** (*he/she/it*) 彼は / 彼女は / それは	-t	wohnt
複数	1人称	**wir** (*we*) 私たちは	-en	wohnen
	2人称（親称）	**ihr** (*you*) きみたちは	-t	wohnt
	3人称	**sie** (*they*) 彼らは / それらは	-en	wohnen
	2人称（敬称）	**Sie** (*you*) あなたは / あなたがたは	-en	wohnen

◆2人称は2種類あり，du とその複数形 ihr は親称2人称と呼ばれ，親しい間柄にある相手（家族，友人，恋人など）に用います。それ以外の相手に対しては，敬称2人称と呼ばれる Sie を用います。この Sie は単複同形（あなた，あなたがた）であり，常に大文字で書き始めます。人称変化は3人称複数と同じです。

確認練習 ① 次の動詞を現在人称変化させてみよう。

1. trinken　飲む

ich ____________　wir ____________
du ____________　ihr ____________
er ____________　sie/Sie ____________

2. kommen　来る

ich ____________　wir ____________
du ____________　ihr ____________
er ____________　sie/Sie ____________

2 定動詞の位置

6

1）平叙文では，定動詞は原則として第2位に置かれます。

Ich **wohne** jetzt in Berlin.　私はいまベルリンに住んでいます。
Jetzt **wohne** ich in Berlin.　いま私はベルリンに住んでいます。
In Berlin **wohne** ich jetzt.　ベルリンに私はいま住んでいます。

▶ 現在形は，現在進行形の動作も表します。
Ich trinke Tee.　私は紅茶を飲みます。(*I drink tea.*) / 私は紅茶を飲んでいます。(*I am drinking tea.*)

2）疑問詞のない疑問文では，定動詞は文頭に置かれます。

Wohnen Sie in Berlin?　あなたはベルリンに住んでいますか。

— Ja, ich **wohne** in Berlin.　はい，私はベルリンに住んでいます。

— Nein, ich **wohne** nicht in Berlin.　いいえ，私はベルリンに住んでいません。

▶ 否定文は，否定する語句の前に nicht をつけます（nicht の位置については 54 ページを参照してください）。

3）疑問詞のある疑問文では，疑問詞は文頭に置かれ，定動詞は第 2 位に置かれます。

Wo **wohnen** Sie jetzt?　あなたはいまどこに住んでいますか。

— Ich **wohne** jetzt in Berlin.　私はいまベルリンに住んでいます。

▶ おもな疑問詞には次のようなものがあります。
wo どこに，wann いつ，wie どのように，was 何が，何を，warum なぜ，woher どこから，wohin どこへ

確認練習 ② 下線部を入れ換えて文章を完成してみよう。

1. Ich wohne in Berlin.　私はベルリンに住んでいます。

→彼 / ミュンヘン（München）

Er ________ ________ ________.

2. Tee trinken wir gern.　紅茶を私たちは飲むのが好きです。

→コーヒー（Kaffee）/ きみ

________ ________ du ________.

3. Spielen Sie Tennis? — Ja, ich spiele Tennis.

あなたはテニスをしますか。— はい，私はテニスをします。

→きみたち / サッカー（Fußball）

________ ihr ________? — ________, wir ________ ________.

4. Kommt sie aus Japan? — Nein, sie kommt nicht aus Japan.

彼女は日本の出身ですか。— いいえ，彼女は日本の出身ではありません。

→あなた / ドイツ（Deutschland）

________ Sie ________ ________? — ________, ich ________ ________ ________ ________.

5. Was lernst du? — Ich lerne Japanisch.

きみは何を学んでいるのですか。— 私は日本語を学んでいるのです。

→彼ら / ドイツ語（Deutsch）

________ ________ sie ? — Sie ________ ________.

③ 人称変化のヴァリエーション

1）語幹が **d**, **t** などで終わる動詞は，主語が du, er, ihr のとき，発音しやすいように，人称語尾 -st, -t の前に口調上の e を入れます。

arbeiten 働く			
ich	arbeite	wir	arbeiten
du	arbeit**est**	ihr	arbeit**et**
er / sie / es	arbeit**et**	sie	arbeiten
Sie	arbeiten		

◆ このような変化をする動詞には，finden 見つける，antworten 答える，warten 待つ などがあります。

2）語幹が **s, ss, ß, tz, z** などで終わる動詞は，du — t となります。

heißen …という名前である			
ich	heiße	wir	heißen
du	heiß**t**	ihr	heißt
er / sie / es	heißt	sie	heißen
Sie	heißen		

◆ このような変化をする動詞には，reisen 旅行する，sitzen すわっている，tanzen 踊る などがあります。

確認練習 ③ カッコ内の動詞を現在人称変化させ，和訳してみよう。

1. (arbeiten): ____________ er heute? — Ja, er ____________ heute.
2. (warten): ____________ ihr lange? — Ja, wir ____________ lange.
3. (heißen): ____________ du Hans? — Nein, ich ____________ Heinz.
4. (tanzen): ____________ du gern? — Nein, ich ____________ nicht gern.

＊ heute 今日　lange 長く

④ sein, haben の現在人称変化

sein …である				haben 持っている			
ich	**bin**	wir	**sind**	ich	habe	wir	haben
du	**bist**	ihr	**seid**	du	**hast**	ihr	habt
er / sie / es	**ist**	sie	**sind**	er / sie / es	**hat**	sie	haben
Sie	**sind**			Sie	haben		

◆ 職業・身分・国籍などを表す名詞が述語として用いられるとき，原則として冠詞はつけません。
Ich bin Student. 僕は学生です。(*I am **a** student.*)

◆ 原則として「男性形＋ in」で女性形をつくりますが，ウムラウトする場合もあります。
Lehrer[in] 教師，Student[in] 学生，Japaner[in] 日本人，Arzt[Ärztin] 医者 など。

確認練習 ④ 下線部を入れ換えて文章を完成してみよう。

1. Sind Sie gesund? — Nein, ich bin nicht gesund.
   あなたは健康ですか。— いいえ，私は健康ではありません。
   →トーマス / 病気の（krank）
   _____ Thomas _____? — _____, er _____
   _____ _____.

2. Haben Sie jetzt Hunger? — Ja, ich habe jetzt Hunger.
   あなたはいまおなかがすいていますか。— はい，私はいまおなかがすいています。
   →アネ / 時間（Zeit）
   _____ Anne _____ _____? — _____, sie
   _____ _____ _____.

発展練習

1 次の質問にまずあなた自身で答えてみよう。さらにペアを組み，相互に質問しあってみよう。一人は Sie で，相手は du で質問してみよう。

1. Wie heißen Sie?　あなたの名前は？
   Ich _____ _____ _____.
   _____ _____ du?

2. Woher kommen Sie?　あなたの出身は？
   Ich _____ aus _____.
   _____ _____ du?

3. Wo wohnen Sie?　あなたの住まいは？
   Ich _____ in _____.
   _____ _____ du?

4. Was sind Sie von Beruf?　あなたの職業は？
   Ich _____ _____.
   _____ _____ du von Beruf?

5. Was studieren Sie?　あなたの専攻は？
   Ich _____ _____.
   _____ _____ du?

6. Wie alt sind Sie?　あなたの年齢は？

Ich ＿＿＿＿＿＿ ＿＿＿＿＿＿.

＿＿＿＿＿＿ ＿＿＿＿＿＿ ＿＿＿＿＿＿ du?

2 カール・バウマンとカトリン・ヴァーグナーをドイツ語で紹介してみよう。

1. ① 氏名：Karl Baumann
   ② 年齢：17 歳
   ③ 出身：Bonn ボン
   ④ 在住：Köln ケルン
   ⑤ 身分：生徒（Schüler）
   ⑥ 趣味：音楽を聞く（Musik hören）
   ⑦ 好きな飲み物：牛乳（Milch）

2. ① 氏名：Katrin Wagner
   ② 年齢：20 歳
   ③ 出身：Dresden ドレスデン
   ④ 在住：Leipzig ライプツィヒ
   ⑤ 身分：学生
   ⑥ 趣味：料理をする（kochen）
   ⑦ 好きな飲み物：ワイン（Wein）

1. ① Er ＿＿＿＿＿＿ ＿＿＿＿＿＿ ＿＿＿＿＿＿.
   ② Er ＿＿＿＿＿＿ ＿＿＿＿＿＿.
   ③ Er ＿＿＿＿＿＿ ＿＿＿＿＿＿ ＿＿＿＿＿＿.
   ④ Er ＿＿＿＿＿＿ ＿＿＿＿＿＿ ＿＿＿＿＿＿.
   ⑤ Er ＿＿＿＿＿＿ ＿＿＿＿＿＿.
   ⑥ Er ＿＿＿＿＿＿ gern ＿＿＿＿＿＿.
   ⑦ Er ＿＿＿＿＿＿ gern ＿＿＿＿＿＿.

2. ① Sie ＿＿＿＿＿＿ ＿＿＿＿＿＿ ＿＿＿＿＿＿.
   ② Sie ＿＿＿＿＿＿ ＿＿＿＿＿＿.
   ③ Sie ＿＿＿＿＿＿ ＿＿＿＿＿＿ ＿＿＿＿＿＿.
   ④ Sie ＿＿＿＿＿＿ ＿＿＿＿＿＿ ＿＿＿＿＿＿.
   ⑤ Sie ＿＿＿＿＿＿ ＿＿＿＿＿＿.
   ⑥ Sie ＿＿＿＿＿＿ gern.
   ⑦ Sie ＿＿＿＿＿＿ gern ＿＿＿＿＿＿.

8

専攻名

Germanistik ドイツ語学・文学 Anglistik 英米語学・文学 Japanologie 日本学
Soziologie 社会学 Psychologie 心理学 Philosophie 哲学
Geschichte 歴史学 Pädagogik 教育学 Politologie 政治学
BWL（Betriebswirtschaftslehre）経営学 VWL（Volkswirtschaftslehre）経済学
Jura 法学 Medizin 医学 Mathematik 数学
Physik 物理学 Chemie 化学 Biologie 生物学

9

数詞（1）

0	null	1	eins	2	zwei	3	drei	4	vier
5	fünf	6	sechs	7	sieben	8	acht	9	neun
10	zehn	11	*elf*	12	*zwölf*	13	dreizehn	14	vierzehn
15	fünfzehn	16	*sech*zehn	17	*sieb*zehn	18	achtzehn	19	neunzehn
20	*zwanzig*								

PAUSE

ベルリン

第二次世界大戦後の冷戦時代，ベルリン（Berlin）は東西に分割され，東ベルリンは東ドイツの首都に，西ベルリンは西ドイツの所属となりました。そのベルリンを分断していた「壁」は1989年に崩壊，1990年には東西ドイツが再統一されました。これを機に東西ベルリンも統一され，新生ドイツの首都となりました。再統一から30年が経ち，ベルリンは大変貌を遂げました。プロイセンによって築かれ，ナチスによって汚され，連合軍の爆撃によって無に帰されたベルリンは，世界都市へとカムバックしたのです。

ベルリン市内

LEKTION 2　名詞と冠詞の格変化

1 名詞の性と格

1）名詞には，**男性・女性・中性**という文法上の**性**があります。名詞は大文字で書き始めます。

男性名詞	女性名詞	中性名詞
Mann 男性	Frau 女性	Kind 子供
Tisch 机	Uhr 時計	Haus 家

2）名詞には，文中で果たす役割を示すために，**1 格**，**2 格**，**3 格**，**4 格**の 4 つの**格**があります。おおむね，1 格は日本語の「…は，…が」，2 格は「…の」，3 格は「…に」，4 格は「…を」に対応します。（複数形については第 3 課を参照してください）

▶ A ist B.「A は B である」という構文では，A も B も 1 格です。

2 定冠詞 der（*the*）と名詞の格変化

	男性 *m.* その男の人	女性 *f.* その女の人	中性 *n.* その子供	複数 *pl.* それらの子供たち
1 格	der Mann	die Frau	das Kind	die Kinder
2 格	des Mann[e]s	der Frau	des Kind[e]s	der Kinder
3 格	dem Mann	der Frau	dem Kind	den Kindern
4 格	den Mann	die Frau	das Kind	die Kinder

◆ 男性名詞・中性名詞の 2 格には語尾 -[e]s がつきます。ただし，-el, -en, -er などで終わる名詞（Onkel 叔父，Wagen 車，Vater 父）には -s のみを，-s, -ß, -x, -z などで終わる名詞（Haus 家，Fuß 足，Holz 木材）には -es をつけます。

◆ 複数名詞の 3 格には -n がつきます。ただし，-n または -s で終わる複数形にはつけません。

3 格の主な用法

10

1 格	**Der Mann** ist alt.	その男性は年老いています。
2 格	Das Haus **des Mann[e]s** ist neu.	その男性の家は新しいです。
3 格	Ich danke **dem Mann**.	私はその男性に感謝しています。
4 格	Ich liebe **den Mann**.	私はその男性を愛しています。

確認練習 ① 下線部を入れ換えて文章を完成してみよう。

1. Der Tisch ist groß.　その机は大きいです。

　→そのかばん（Tasche *f.*）/ 小さい（klein）

　＿＿＿＿＿ ＿＿＿＿＿ ＿＿＿＿＿ ＿＿＿＿＿.

2. Der Vater der Studentin ist Arzt.　その女子学生の父は医者です。

→その友人（Freund *m.*）/ パン屋（Bäcker）

__________ __________ __________ __________ __________

__________.

3. Ich antworte dem Lehrer.　私はその男性教師に答えます。

→私たち / その子供（Kind *n.*）

__________ __________ __________ __________.

4. Kaufen Sie das Buch?　あなたはその本を買いますか。

→きみたち / その時計（Uhr *f.*）

__________ __________ __________ __________?

4 不定冠詞 ein（*a, an*）と名詞の格変化

	男性 *m.* ひとりの男の人	女性 *f.* ひとりの女の人	中性 *n.* ひとりの子供	複数 *pl.* 子供たち
1格	ein Mann	eine Frau	ein Kind	Kinder
2格	eines Mann[e]s	einer Frau	eines Kind[e]s	Kinder
3格	einem Mann	einer Frau	einem Kind	Kindern
4格	einen Mann	eine Frau	ein Kind	Kinder

確認練習 ② ____ に適切な定冠詞を，- - - - に不定冠詞を補い，和訳してみよう。

1. __________ Kind（*n.*）bringt __________ Mann（*m.*）- - - - - - - - - - Ball（*m.*）.
2. __________ Student（*m.*）schreibt __________ Professorin（*f.*）- - - - - - - - - - Brief（*m.*）.
3. Ich habe heute - - - - - - - - - - Vorlesung（*f.*）und - - - - - - - - - - Seminar（*n.*）.
4. __________ Kamera（*f.*）__________ Lehrers（*m.*）ist aus Japan.
5. Das* ist __________ Haus（*n.*）__________ Politikers（*m.*）.

＊ この das は，定冠詞ではなく，指示代名詞であり，「これ」「それ」を表します。物や人を紹介的に指すときは，その物や人の性にかかわらず das を用います。
Das ist ein Buch.　これは一冊の本です。（*This is a book.*）

＊ bringen 持ってくる　Ball *m.* ボール　schreiben 書く　Professorin *f.* 女性教授　Brief *m.* 手紙
Vorlesung *f.* 講義　Seminar *n.* ゼミナール　Kamera *f.* カメラ　Politiker *m.* 政治家

5 疑問代名詞 wer（*who*）と was（*what*）の格変化

	誰？	何？
1格	**wer**	**was**
2格	**wessen**	—
3格	**wem**	—
4格	**wen**	**was**

確認練習 ③ 例にならい，カッコに疑問代名詞を入れて下線部が答えになるような疑問文をつくり，和訳してみよう。

例 Thomas spielt gut Fußball.　トーマスはサッカーが上手です。
→（Wer）spielt gut Fußball?　誰がサッカーが上手ですか？

1. Das ist der Computer der Studentin.　これはその女子学生のコンピューターです。
→（　　　　　）Computer ist das?

2. Wir zeigen dem Professor die Stadt.　私たちはその教授に街を案内します。
→（　　　　　）zeigt ihr die Stadt?

3. Ich besuche heute die Freundin.　私は今日その女友達を訪ねます。
→（　　　　　）besuchst du heute?

4. Ein Hund ist da.　一匹の犬がそこにいます。
→（　　　　　）ist da?

5. Der Freund sucht ein Zimmer.　その友人は部屋を探しています。
→（　　　　　）sucht der Freund?

発展練習

1 例にならい，下線部を入れ換えて，ペアで練習してみよう。

例 A: Was ist das?

B: Das ist ein Café.

A: Ist das Café neu?

B: Nein, es* ist nicht so neu.

＊男性名詞は er で，女性名詞は sie で，中性名詞は es で，複数名詞は sie（*pl.*）で受けます。
＊Café *n.* カフェ　so そんなに

1. Bahnhof *m.* 駅 / klein
2. Kirche *f.* 教会 / alt
3. Kino *n.* 映画館 / groß

2 例にならい，下線部を入れ換えて，ペアで練習してみよう。

例 A: Was kostet das Buch?

B: Das Buch kostet 18 Euro. Es ist sehr gut.

A: Dann nehme ich das Buch.

＊was kostet ～？ ～はいくらですか？（kosten + 4 格）
Euro *m.* ユーロ　sehr とても　gut 良い
dann それでは　nehmen 買う

1. Tasche / 20 Euro
2. Heft *n.* ノート / 1,10 Euro（ein Euro zehn（Cent））
3. Kuli *m.* ボールペン / 3,15 Euro

3 ドイツ語にしてみよう。

1. A: それは誰の車（Auto *n.*）ですか？
   B: それはその日本人の車（定冠詞つき）です。
2. A: あなたはその女性に何をプレゼントするのですか（schenken）。
   B: 私はその女性に 1 冊の辞書（Wörterbuch *n.*）をプレゼントします。

1. A: ＿＿＿＿＿＿ ＿＿＿＿＿＿ ＿＿＿＿＿＿ das?
   B: Das＿＿＿＿＿＿ ＿＿＿＿＿＿ ＿＿＿＿＿＿ ＿＿＿＿＿＿
   ＿＿＿＿＿＿.

2. A: Was ____________ ____________ ____________ ____________?

B: ____________ ____________ ____________ ____________ ein ____________.

13

基本的な形容詞

gut 良い↔schlecht 悪い
groß 大きい↔klein 小さい
schnell 速い↔langsam 遅い
stark 強い↔schwach 弱い
fleißig 勤勉な↔faul 怠惰な
alt 年老いた, 古い↔jung 若い/neu 新しい
lang 長い↔kurz 短い
teuer 高価な↔billig 廉価な
schwer 重い, 難しい↔leicht 軽い, 易しい
gesund 健康な↔krank 病気の

PAUSE

ユーロ

2002年1月，欧州連合（EU）域内で統一通貨ユーロへの通貨切り替えが行われました。これによって，1948年以来使われ，西ドイツ経済発展の象徴ともなってきたマルク（DM = Deutsche Mark）が姿を消しました。そのユーロの金融政策を握るヨーロッパ中央銀行（ECB）の本部は，1998年ドイツ中部の金融都市フランクフルト・アム・マイン（Frankfurt am Main）に置かれ，街はユーロ圏最大の経済・金融センターとなりました。しかし，2009年のギリシア債務危機を契機に，ECBやドイツ政府が進めるユーロ救済策と，これに反対する反ユーロ運動との対立は，ドイツ国内だけではなく，ヨーロッパ各地で顕在化してきています。なお，1Euro = 100 Cent です。

ユーロの紙幣とコイン

LEKTION 3 名詞の複数形・人称代名詞

1 名詞の複数形の 5 つの型

	幹母音 a, o, u, au の変音	単数 1 格	複数 1 格
無語尾型	— 変音なし ¨— 変音あり	der Onkel 伯父・叔父 die Mutter 母	die Onkel die Mütter
E 型	—e 変音なし ¨—e 変音あり	das Jahr 年 die Hand 手	die Jahre die Hände
ER 型	¨—er 変音あり	der Mann 男性	die Männer
[E]N 型	—n 変音なし —en 変音なし	die Schule 学校 die Frau 女性	die Schulen die Frauen
S 型	—s 変音なし	das Hotel ホテル	die Hotels

2 複数形の格変化

複数形の 3 格には語尾に **-n** をつけます（格変化については 18–19 ページを参照してください）。ただし，[E]N 型および S 型の名詞には 3 格語尾をつけません。

die Hände（1 格）→ den Hände**n**（3 格）; die Frauen（1 格）→ den Frauen（3 格）; die Hotels（1 格）→ den Hotels（3 格）

確認練習 ① 次の名詞に定冠詞をつけて，単数・複数を格変化させてみよう。

1.	単数	複数	2. 単数	複数
1 格	der Vater その父	die Väter	die Blume その花	die Blumen
2 格	________	________	________	________
3 格	________	________	________	________
4 格	________	________	________	________

確認練習 ② 下線部を複数形にして文をつくりかえてみよう。

1. Der Lehrer（無語尾型）kommt aus Japan.　その教師は日本の出身です。
   → ________ ________ ________ aus Japan.
2. Das Auto（S 型）ist aus Deutschland.　その車はドイツ製です。
   → ________ ________ ________ aus Deutschland.
3. Er zeigt dem Kind（ER 型）den Weg.　彼はその子に道を教えます。
   → Er zeigt ________ ________ den Weg.

4. Das ist das Haus des Freundes (E 型). これがその友人の家です。

→ Das ist das Haus ______ ______ .

3 男性弱変化名詞

男性名詞のうち，単数 1 格以外のすべての格で -[e]n の語尾をとるものがあり，これを男性弱変化名詞と呼びます。

	単数	複数
1 格	der Student 大学生	die Studenten
2 格	des Studenten	der Studenten
3 格	dem Studenten	den Studenten
4 格	den Studenten	die Studenten

◆ このような変化をする男性名詞には，Kollege 同僚，Junge 少年，Mensch 人間 などがあります。

確認練習 ③ 下線部に適切な語を補ってみよう。

1. Das ist der Vater ______ ______ . こちらはその大学生の父親です。
2. Ich schreibe ______ ______ eine E-Mail. 私は一人の同僚にメールを書きます。
3. Kennen Sie ______ ______ ? あなたはその少年を知っていますか。

4 人称代名詞の 3・4 格

	1 人称	2 人称		3 人称		
		親称	敬称			
単数 1 格	ich	du	Sie	er	sie	es
3 格	mir	dir	Ihnen	ihm	ihr	ihm
4 格	mich	dich	Sie	ihn	sie	es
複数 1 格	wir	ihr	Sie		sie	
3 格	uns	euch	Ihnen		ihnen	
4 格	uns	euch	Sie		sie	

14

5 3格目的語と4格目的語の語順

1）両方とも名詞の場合は，**3格目的語＋4格目的語。**

Ich gebe dem Studenten ein Buch. 私はその学生に一冊の本をあげます。

2）どちらか一方が名詞，もう一方が人称代名詞の場合は，**代名詞＋名詞。**

Ich gebe ihm ein Buch. 私は彼に一冊の本をあげます。

Ich gebe es dem Studenten. 私はそれをその学生にあげます。

3）両方とも人称代名詞の場合は，**4格目的語＋3格目的語。**

Ich gebe es ihm. 私はそれを彼にあげます。

確認練習 ④ 例にならい，下線部に正しい人称代名詞を入れ，和訳してみよう。

例 Brigitte lebt in Berlin. Ich schicke *ihr* Fotos.
ブリギッテはベルリンで暮らしています。私は彼女に数枚の写真を送ります。

1. Der Roman ist sehr interessant. — Dann kaufe ich ＿＿＿＿＿＿ .
2. Sie sehen dort das Café. — ＿＿＿＿＿＿ ist bekannt.
3. Liebst du die Frau? — Ja, ich liebe ＿＿＿＿＿＿ sehr.
4. Schicken Sie der Studentin die Bücher? — Ja, ich schicke ＿＿＿＿＿＿ ＿＿＿＿＿＿ .
5. Besucht ihr heute Abend den Kollegen? — Nein, wir besuchen ＿＿＿＿＿＿ morgen Abend.

＊ Roman *m.* 長編小説　interessant 興味深い　sehen 見る　dort あそこに　bekannt 有名な
schicken 送る　besuchen 訪問する　Abend *m.* 晩　morgen 明日

発展練習

15

1 例にならい，下線部を入れ換えて，ペアで練習してみよう。

例 A: Kennst du den Studenten?
B: Ja, ich kenne ihn sehr gut.
A: Wie findest du ihn?
B: Ich finde ihn fleißig.
＊finden ～を一と思う

1. Frau / stark 強い

2. Japaner / nett 親切な

3. Fußballspieler *pl.* サッカー選手たち / aktiv アクティブな

2 例にならい，名詞を複数形にして下線部を入れ換え，ペアで練習してみよう。

例 A: Wie viele Töchter haben Sie?

B: Ich habe zwei Töchter.

A: Was machen sie?

B: Sie studieren in Berlin.

＊wie viele + 複数名詞 ―？ いくつの～？（= *how many* ～？） Tochter *f.* / Töchter *pl.* 娘 machen する（= *do*）

1. Sohn *m.* / Söhne *pl.* 息子 / 3 / arbeiten / London ロンドン

2. Schwester *f.* / Schwestern *pl.* 姉妹 / 1 / Französisch lernen フランス語を学ぶ / Paris パリ

3. Bruder *m.* / Brüder *pl.* 兄弟 / 2 / Deutsch unterrichten ドイツ語を教える / Wien ウィーン

3 ドイツ語にしてみよう。

1. A: きみはミュンヘンで（in）何をする（machen）の。

B: 私は５つの美術館（Museum *n.* / Museen *pl.*）を訪れます（besuchen）。ミュンヘンは文化都市（Kulturstadt＊ *f.* 不定冠詞つき）です。

＊２つ以上の名詞が結びついた複合名詞の性は，最後の名詞（基礎語）の性に従います。
Kultur *f.* 文化＋ Stadt *f.* 都市→ Kulturstadt *f.* 文化都市

2. A: あなたは何人の兄弟姉妹（Geschwister *pl.*）をお持ちですか。

B: 私には２人の姉と１人の弟がいます。

1. A: ＿＿＿＿＿ machst ＿＿＿＿＿ ＿＿＿＿＿ ＿＿＿＿＿?

B: ＿＿＿＿＿ ＿＿＿＿＿ fünf ＿＿＿＿＿. ＿＿＿＿＿

＿＿＿＿＿ ＿＿＿＿＿ Kulturstadt.

2. A: Wie viele ＿＿＿＿＿ ＿＿＿＿＿ ＿＿＿＿＿?

B: ＿＿＿＿＿ ＿＿＿＿＿ ＿＿＿＿＿ ＿＿＿＿＿ und

＿＿＿＿＿ ＿＿＿＿＿.

17

数詞 (2)

21 einundzwanzig　22 zweiundzwanzig　23 dreiundzwanzig
24 vierundzwanzig　25 fünfundzwanzig　26 sechsundzwanzig
27 siebenundzwanzig　28 achtundzwanzig　29 neunundzwanzig
30 drei*ßig*　31 einunddreißig　40 vierzig　50 fünfzig　60 *sech*zig
70 *sieb*zig　80 achtzig　90 neunzig　100 (ein)hundert

PAUSE

ミュンヘン

南ドイツ，バイエルン州（Bayern）の州都ミュンヘン（München）は，首都ベルリン，北ドイツの港町ハンブルク（Hamburg）に次いで，ドイツ第 3 の人口を誇る大都市です。FC バイエルン・ミュンヘンの本拠地として，世界最大のビール祭り「オクトーバー・フェスト」の行われるビールの都として知られています。また，作曲家リヒャルト・ワーグナーのパトロンだったルートヴィヒ 2 世が建造させたノイシュヴァンシュタイン城は，いまもたくさんの観光客を集めています。20 世紀にいたるまで約 700 年間ヴィッテルスバッハ（Wittelsbach）家の治めるバイエルン王国の都であったミュンヘンは，多くの文化遺産をもつ芸術都市です。

ミュンヘン市内

LEKTION 4 動詞の現在人称変化（2）・命令法

1. 不規則動詞の現在人称変化

動詞のなかには，現在人称変化の 2 人称単数（親称）と 3 人称単数で，語幹の母音が変わるものがあります。その母音の変化にしたがって，おもに 3 つの型に分類することができます。

1）a → ä 型

	fahren 乗り物で行く	schlafen 眠る
ich	fahre	schlafe
du	fährst	schläfst
er	fährt	schläft
wir	fahren	schlafen
ihr	fahrt	schlaft
sie/Sie	fahren	schlafen

2）e → i 型

原則として，語幹の母音 e が短音の場合。

	sprechen 話す	essen 食べる
ich	spreche	esse
du	sprichst	isst*
er	spricht	isst
wir	sprechen	essen
ihr	sprecht	esst
sie/Sie	sprechen	essen

3）e → ie 型

原則として，語幹の母音 e が長音の場合。

	sehen 見る	lesen 読む
ich	sehe	lese
du	siehst	liest**
er	sieht	liest
wir	sehen	lesen
ihr	seht	lest
sie/Sie	sehen	lesen

＊ 語幹が ss で終わっているので，人称語尾は t のみです（14 ページを参照してください）。
＊＊ 語幹が s で終わっているので，人称語尾は t のみです（14 ページを参照してください）。

確認練習 ① 不規則動詞変化表を参考にして，次の動詞を現在人称変化させてみよう。

1. geben 与える

ich ＿＿＿＿＿＿ wir ＿＿＿＿＿＿
du ＿＿＿＿＿＿ ihr ＿＿＿＿＿＿
er ＿＿＿＿＿＿ sie/Sie ＿＿＿＿＿＿

2. nehmen* 取る

ich ＿＿＿＿＿＿ wir ＿＿＿＿＿＿
du ＿＿＿＿＿＿ ihr ＿＿＿＿＿＿
er ＿＿＿＿＿＿ sie/Sie ＿＿＿＿＿＿

＊ nehmen は特殊変化

確認練習 ② 下線部を入れ換えて文章を完成してみよう。

1. Ich fahre heute nach Hamburg. 私は今日ハンブルクへ行きます。

→きみ / ケルン（Köln）

Du ____________ ____________ ____________ ____________ .

2. Sie sprechen sehr gut Französisch. あなたはとても上手にフランス語を話します。

→彼 / イタリア語（Italienisch）

Er ____________ ____________ ____________ ____________ .

3. Sehen Sie dort den Bahnhof? あなたはあそこにその駅を見ますか。

→きみたち / 大学（Universität *f.*）

____________ ihr ____________ ____________ ____________ ?

4. Liest du hier das Buch? きみはここでその本を読みますか。

→ザビーネ（Sabine）/ 雑誌（Zeitschrift *f.*）

____________ Sabine ____________ ____________ ____________ ?

2 werden, wissen の現在人称変化

	werden …になる	wissen 知っている
ich	werde	**weiß**
du	**wirst**	**weißt**
er	**wird**	**weiß**
wir	werden	wissen
ihr	werdet	wisst
sie/Sie	werden	wissen

確認練習 ③ カッコ内の動詞を現在人称変化させ，和訳してみよう。

1. (werden): Was ____________ du später? — Ich ____________ später Arzt.

2. (sprechen, wissen): Inge ____________ gut Japanisch.

— Das ____________ ich.

3. (essen): Was ____________ du gern? — Ich ____________ sehr gern Obst.

4. (geben): Wem ____________ der Fußballspieler den Ball?

— Er ____________ ihn dem Kind.

5. (nehmen, fahren): ____________ Alexander jetzt ein Taxi?

— Ja, er ____________ heute Abend nach Bonn.

＊ später 将来　Obst *n.* 果物　Taxi *n.* タクシー

3 命令法

命令法は不定詞の語幹に次の語尾をつけてつくります。

不定詞 — en	du に対して — [e]!	ihr に対して — t!	Sie に対して — en Sie!
kommen　来る	Komm[e]!	Kommt!	Kommen Sie!
warten　待つ	Warte!	Wartet!	Warten　Sie!

◆ 語幹が -d, -t に終わる動詞の場合，du に対する命令は，ふつう語尾 e を省きません。また ihr に対する命令は，-et! となります。

4 例外的な命令法

1）現在人称変化の単数 2 人称と 3 人称で語幹の母音が変わる動詞のうち，e → i 型と e → ie 型の動詞は，du に対する命令法でも変音し，語尾 e をつけません（a → ä 型の動詞は，命令法では変音せず，kommen と同じ原則で命令法をつくります）。

不定詞	du に対して	ihr に対して	Sie に対して
sprechen　話す	Sprich!（← du sprichst）	Sprecht!	Sprechen Sie!
sehen　見る	Sieh!　（← du siehst）	Seht!	Sehen　Sie!

2）sein の命令法

不定詞	du に対して	ihr に対して	Sie に対して
sein　～である	Sei!	Seid!	Seien Sie!

18

5 複数 1 人称に対する命令法

— en wir! は「…しましょう」（*Let's ～!*）の意味になります。

Trinken wir zusammen Bier!　一緒にビールを飲みましょう。

確認練習 ④ 例にならい，du, ihr, Sie に対する命令文をつくってみよう。

例 そんなに速く（schnell）運転（fahren）しないでください。

→ du → Fahr[e] nicht so schnell!

ihr → Fahrt nicht so schnell!

Sie → Fahren Sie nicht so schnell!

1. 今日は家に（zu Hause）いて（bleiben）ください。

du → ______ ______ ______ ______!

ihr → ______ ______ ______ ______!

Sie → ______ ______ ______ ______ ______!

2. そのチーズ（Käse *m.*）を食べて（essen）ください。

du → ______ ______ ______!

ihr → ______ ______ ______!

Sie → ______ ______ ______ ______!

3. そのテキスト（Text *m.*）をゆっくり（langsam）読んで（lesen）ください。

du → ______ ______ ______ ______!

ihr → ______ ______ ______ ______!

Sie → ______ ______ ______ ______ ______!

4. 落ち着いていて（ruhig sein）ください。

du → ______ ______!　ihr → ______ ______!

Sie → ______ ______ ______!

発展練習

19 1 例にならい，下線部を入れ換えて，ペアで練習してみよう。

例 A: Entschuldigen Sie, gibt es* hier eine Bank?

B: Ja. Gehen Sie geradeaus! Dann sehen Sie links eine Bank.

A: Danke schön!

B: Bitte schön!

*es gibt + 4 格は，意味のない非人称の es を主語にした「…がある」の意味の熟語的表現（47 ページを参照してください）。

＊Entschuldigen Sie すみません　Bank *f.* 銀行　gehen 行く　geradeaus まっすぐ　links 左に

1. Krankenhaus *n.* 病院 / rechts 右に
2. Taxistand *m.* タクシー乗り場 / vorne 前方に
3. Toilette *f.* トイレ / gleich すぐに

20

2 例にならい，下線部を入れ換えて，ペアで練習してみよう。

例　A: Was isst du?

B: Ich esse einen Käsekuchen. Und ich trinke dazu einen Kaffee.
Was nimmst du?

A: Ich nehme eine Obsttorte und einen Tee.

＊Käsekuchen *m.* チーズケーキ　dazu それに加えて　Obsttorte *f.* フルーツタルト

1. Salat *m.* サラダ，Mineralwasser *n.* ミネラルウォーター/ Suppe *f.* スープ，Cola *n.* (*f.*) コーラ
2. Sachertorte *f.* ザッハートルテ，Tee *m.* / Apfelkuchen *m.* アップルケーキ，Kaffee *m.*
3. Bratwurst *f.* 焼きソーセージ，Bier *n.* / Pizza *f.* ピザ，Wein *m.*

3 ドイツ語にしてみよう。

1. A: きみは今日フランクフルト（Frankfurt）へ行く（fahren）んですか。
   B: はい，私はそこでひとりの教授 に会います（treffen*＋４格）。
2. A: そこには駐車場（Parkplatz *m.* 不定冠詞つき）がありますか。
   B: いいえ。だから（deshalb）歩いて（zu Fuß）行きましょう（gehen）！

1. A: ＿＿＿＿＿ ＿＿＿＿＿ heute ＿＿＿＿＿ ＿＿＿＿＿?
   B: ＿＿＿＿＿, ＿＿＿＿＿ ＿＿＿＿＿ dort ＿＿＿＿＿
   ＿＿＿＿＿.
2. A: ＿＿＿＿＿ es ＿＿＿＿＿ ＿＿＿＿＿ ＿＿＿＿＿?
   B: ＿＿＿＿＿. ＿＿＿＿＿ ＿＿＿＿＿ wir ＿＿＿＿＿
   ＿＿＿＿＿!

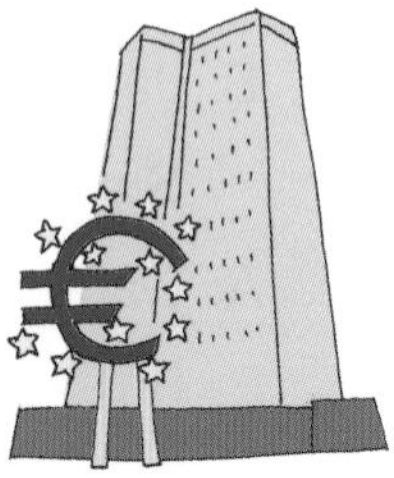

21

さまざまな建物・施設

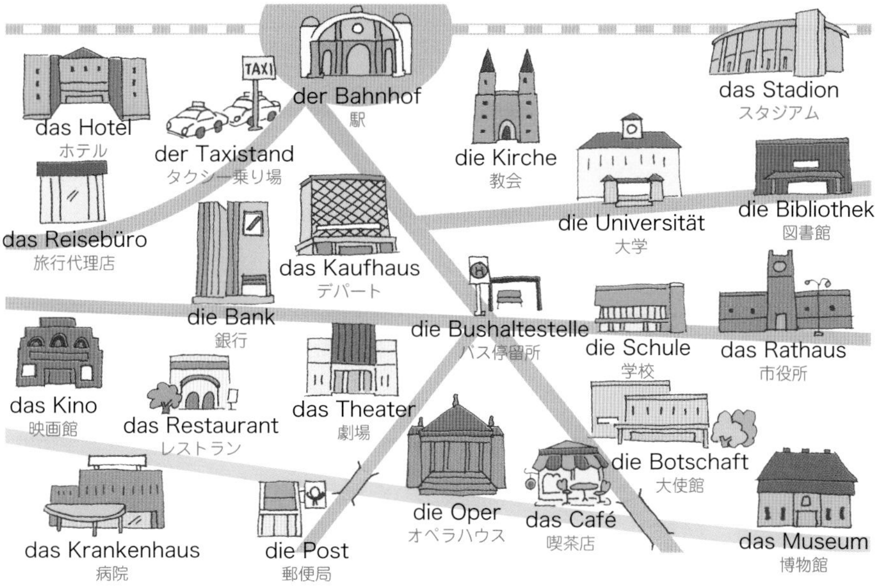

PAUSE

ドイツのビール

ドイツ各地を代表するビール

ドイツのビールは，1516年に公布された「ビール純粋法」（ビール醸造には，大麦，ホップ，水以外を使用してはならないという法律）を現在でも頑なに守って作られています。全国的なビールメーカーはなく，いわゆる地ビールが中心です。ドルトムント（Dortmund）とミュンヘンが二大生産地で，北ドイツのピルスナー（Pilsner），デュッセルドルフ（Düsseldorf）のアルトビア（Altbier），ミュンヘンのヴァイツェンビア（Weizenbier）など，その数はおよそ5000種類といわれています。

LEKTION 5　定冠詞類・不定冠詞類

1 定冠詞類

定冠詞類は定冠詞とほぼ同じ格変化をします（中性名詞の 1 格・4 格が定冠詞と異なります：18 ページを参照してください）。名詞の前に置かれ，名詞の性・数・格を表示します。代表的な定冠詞類には次のようなものがあります：dieser（*this*），jener（*that*），jeder（*every*），aller（*all*），solcher（*such*），welcher（*which*）。

▶ jeder は単数形だけで用いられます。

2 定冠詞類の格変化

	男性 *m.* この男の人	女性 *f.* この女の人	中性 *n.* この子供	複数 *pl.* これらの子供たち
1 格	dieser Mann	diese Frau	dieses Kind	diese Kinder
2 格	dieses Mann[e]s	dieser Frau	dieses Kind[e]s	dieser Kinder
3 格	diesem Mann	dieser Frau	diesem Kind	diesen Kindern
4 格	diesen Mann	diese Frau	dieses Kind	diese Kinder

確認練習 ① 格変化させてみよう。

	1. どの銀行？（*f.*）	2. それぞれの部屋（*n.*）	3. すべての家（*pl.*）
1 格	welche Bank	jedes Zimmer	alle Häuser
2 格	______	______	______
3 格	______	______	______
4 格	______	______	______

確認練習 ② 下線部に適切な定冠詞類を入れてみよう。

1. ______ Tag（*m.*）* liest er die Zeitung.　毎日彼はその新聞を読みます。
2. ______ Woche（*f.*）habe ich eine Party.　今週私はパーティーがあります。
3. ______ Monat（*m.*）kauft sie ein Auto.　今月彼女は車を一台買います。
4. ______ Jahr（*n.*）fahren wir nach Kyoto.　毎年私たちは京都へ行きます。

＊ 副詞的 4 格：jeden Morgen 毎朝　のように，名詞の 4 格は副詞的に用いられることがあります。

3 不定冠詞類

不定冠詞類は不定冠詞と同じ格変化をします。名詞の前に置かれ，名詞の性・数・格を表示します。不定冠詞類には所有冠詞と否定冠詞 kein があります。

所有冠詞

(ich →) **mein**	私の	(wir →) **unser**	私たちの	(Sie →) **Ihr**	あなたの / あなたがたの
(du →) **dein**	きみの	(ihr →) **euer**	きみたちの		
(er →) **sein**	彼の				
(sie →) **ihr**	彼女の	(sie →) **ihr**	彼らの / それらの		
(es →) **sein**	それの				

4 不定冠詞類の格変化

	男性 *m.* 私の父	女性 *f.* 私の母	中性 *n.* 私の子供	複数 *pl.* 私の両親
1格	mein Vater	meine Mutter	mein Kind	meine Eltern
2格	meines Vaters	meiner Mutter	meines Kind[e]s	meiner Eltern
3格	meinem Vater	meiner Mutter	meinem Kind	meinen Eltern
4格	meinen Vater	meine Mutter	mein Kind	meine Eltern

◆ 不定冠詞類の複数格変化は定冠詞類の格変化で代用します。

確認練習 ③ 格変化させてみよう。

	1. 彼のコンピューター（*m.*）	2. きみたちの車（*n.*）	3. 私たちの携帯電話（*pl.*）
1格	sein Computer	euer Auto	unsere Handys
2格	______	______	______
3格	______	______	______
4格	______	______	______

確認練習 ④ 下線部を入れ換えて文章を完成してみよう（39 ページの家族に関する単語を参考にしてください）。

1. Unser Onkel ist Apotheker. 私たちの叔父は薬剤師です。
→きみ / 叔母

__________ __________ __________ __________ .

2. Da steht das Haus meiner Tochter. あそこに私の娘の家があります。
→私たち / 息子

__________ __________ __________ __________ __________
__________ .

3. Er schickt seiner Mutter ein Paket. 彼は彼の母親に小包をひとつ送ります。
→あなた / 父親

__________ __________ __________ __________ __________
__________ .

4. Du besuchst heute deinen Bruder. きみは今日きみのお兄さんを訪問します。
→ゾフィー（Sophie）/ 姉

__________ __________ __________ __________ __________ .

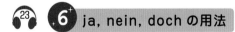

22 5 否定冠詞 kein の用法

1）不定冠詞つきの名詞を否定する場合。

Ich habe *ein* Auto. → Ich habe **kein** Auto. 私は車をもっていません。

2）無冠詞の名詞を否定する場合。

Ich habe Zeit. → Ich habe **keine** Zeit. 私には時間がありません。

Ich habe Kinder. → Ich habe **keine** Kinder. 私には子供はいません。

▶ 定冠詞・定冠詞類・所有冠詞のついた名詞を否定する場合は nicht を用います。
Das ist mein Haus. → Das ist **nicht** mein Haus. これは私の家ではありません。

23 6 ja, nein, doch の用法

1）質問が「肯定」の場合

Kommt er heute? 彼は今日来ますか？

— **Ja**, er kommt heute. はい，彼は今日来ます。

— **Nein**, er kommt heute nicht. いいえ，彼は今日来ません。

Haben Sie Hunger? あなたは空腹ですか？
— **Ja**, ich habe Hunger. はい，私は空腹です。
— **Nein**, ich habe keinen Hunger. いいえ，私は空腹ではありません。

2) 質問が「否定」の場合

Kommt er heute *nicht*? 彼は今日来ないのですか？
— **Doch**, er kommt heute. いいえ，彼は今日来ます。
— **Nein**, er kommt heute nicht. はい，彼は今日来ません。

Haben Sie *keinen* Hunger? あなたは空腹ではないのですか？
— **Doch**, ich habe Hunger. いいえ，私は空腹です。
— **Nein**, ich habe keinen Hunger. はい，私は空腹ではありません。

確認練習 ⑤ 例にならって肯定と否定の二通りの答えをし，和訳してみよう。

例 Wohnen Sie nicht in Yokohama? あなたは横浜に住んでいないのですか。
— Doch, ich wohne in Yokohama. いいえ，私は横浜に住んでいます。
— Nein, ich wohne nicht in Yokohama. はい，私は横浜に住んでいません。

1. Habt ihr morgen kein Seminar?
— ________, wir ________ ________ ________
________.
— ________, wir ________ ________ ________
________.

2. Haben Sie einen Stadtplan dabei?
— ________, ich ________ ________ ________
________.
— ________, ich ________ ________ ________
________.

3. Ist das nicht dein Fahrrad?
— ________, das ________ ________ ________.
— ________, das ________ ________ ________
________.

＊ Stadtplan *m.* 市街地図　dabei 手元に　Fahrrad *n.* 自転車

発展練習

1 例にならい，下線部を入れ換えて，ペアで練習してみよう。

例 A: Welche Bluse gefällt dir?

B: Diese Bluse hier gefällt mir.

A: Sie steht dir sehr gut.

＊Bluse *f.* ブラウス　gefallen* + 3 格 ～に気に入る
stehen + 3 格 ～に似合う

1. Hut *m.* 帽子 / Sie あなた
2. Brille *f.* メガネ / sie 彼女
3. Hemd *n.* シャツ / er

2 例にならい，下線部を入れ換えて，ペアで練習してみよう。

例 A: Ich suche meinen Hund.

B: Ist das Ihr Hund?

A: Nein, das ist nicht mein Hund. Mein Hund ist nicht so groß.

1. wir / Katze *f.* 猫 / klein
2. er / Handy / neu
3. sie 彼女 / Schuhe *pl.* 靴 / alt

3 ドイツ語にしてみよう。

1. A: 私の娘は毎年ドイツへ行きます（fliegen）。
   B: あなたの娘さんはもうすでに（schon）とても上手にドイツ語を話されますよ。
2. A: クラウス（Klaus）はあるサッカークラブ（Fußballklub *m.* 不定冠詞つき）の監督（Trainer *m.* 定冠詞つき）です。
   B: 彼のチーム（Mannschaft *f.*）は有名（bekannt）です。

1. A: ＿＿＿＿ ＿＿＿＿ ＿＿＿＿ ＿＿＿＿ Jahr ＿＿＿＿ ＿＿＿＿.
   B: ＿＿＿＿ ＿＿＿＿ ＿＿＿＿ schon ＿＿＿＿ ＿＿＿＿ ＿＿＿＿.
2. A: ＿＿＿＿ ＿＿＿＿ der ＿＿＿＿ ＿＿＿＿ ＿＿＿＿.

B: ＿＿＿＿＿＿ ＿＿＿＿＿＿ ist ＿＿＿＿＿＿ .

26

家族

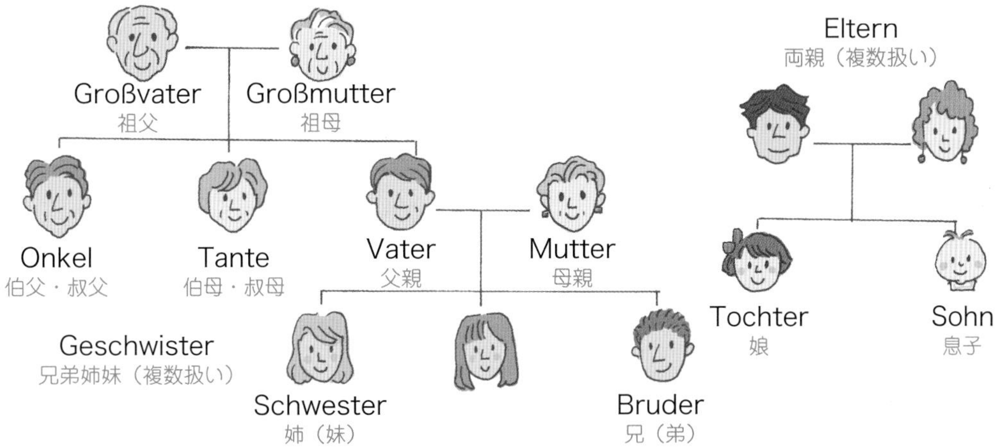

PAUSE

ドイツのサッカー

長い間「強いけれど面白みに欠ける」といわれてきたドイツ・サッカーですが，2014年ワールドカップ・ブラジル大会で優勝したナショナル・チームは，ドイツ代表史上最強の中盤をそろえて安定した試合を見せ，多くの観客を魅了しました。また，ドイツ女子代表も，2015年ワールドカップで4位，2016年リオデジャネイロ・オリンピックで初優勝しました。ブンデスリーガ（Bundesliga）の1部18チームを頂点とするプロリーグは，2017/18年シーズンの1試合平均観客動員数が4万4651人で，欧州リーグのトップを誇り，これまで多くの日本代表選手も活躍してきました。

©Paolo Gianti / Shutterstock.com
フランクフルト･アム･マインにあるコメルツバンク･アレーナ

©schwarzdigital.com / Shutterstock.com
バイエル・レバークーゼン対FCバイエルン・ミュンヘン

LEKTION 6　前置詞

1 前置詞の格支配

前置詞は特定の格の名詞や代名詞と結びつきます。これを前置詞の格支配といいます。

1) **2 格支配の前置詞**

statt …の代わりに　trotz …にもかかわらず　während …の間に　wegen …のために　など

確認練習 ① カッコ内の語を適切に格変化させて下線部に入れてみよう。

1. Trotz __________ __________ spielen die Kinder draußen Fußball.
   (der Regen)　　雨にもかかわらず子供たちは外で サッカーをしています。
2. Während __________ __________ bleiben wir in Österreich.
   (der Sommer)　　夏の間私たちはオーストリアに滞在します。
3. Wegen __________ __________ ist Wien bekannt. (seine Kultur)
   ウィーンはその文化のために有名です。

2) **3 格支配の前置詞**

aus …（の中）から　bei …のところに，…の際に　mit …と一緒に，…でもって　nach …へ，…の後に，…によれば　seit …以来　von …から，…について，…の，…によって　zu …へ　など

◆ nach も zu も「…へ」という方向を表しますが，nach は固有名詞の地名の前に，zu は人物や建物や催しの前に多く置かれます。

27

Ich fahre nach Salzburg.　　私はザルツブルクへ行きます。
Ich gehe zu dem Arzt.　　私はその医者のところへ行きます。
Er fährt zu dem Bahnhof.　　彼はその駅へ行きます。
Er geht zu dem Vortrag.　　彼はその講演へ行きます。

確認練習 ② カッコ内の語を適切に格変化させて下線部に入れてみよう。

1. Petra kommt mit __________ __________ aus __________
   __________. (ihr Kind, das Krankenhaus)
   ペトラは彼女の子供と一緒に病院から出てきます。
2. Seit __________ __________ wohne ich bei __________. (ein Jahr, er)
   一年前から私は彼のところに住んでいます。

3. Nach ＿＿＿＿＿＿ ＿＿＿＿＿＿ gehen wir zusammen zu ＿＿＿＿＿＿ ＿＿＿＿＿＿.（das Seminar, eine Party）

ゼミの後で私たちは一緒にパーティーへ行きます。

3）▌4 格支配の前置詞 ▌

durch …を通って　für …のために　gegen …に対して　ohne …なしで　um …の回りに　など

確認練習 ③ カッコ内の語を適切に格変化させて下線部に入れてみよう。

1. Gehen wir durch ＿＿＿＿＿＿ ＿＿＿＿＿＿! 公園を通って行きましょう。
（der Park）

2. Ich kaufe die Äpfel für ＿＿＿＿＿＿ ＿＿＿＿＿＿.（meine Kinder）

私はそれらのりんごを私の子供たちのために買います。

3. Klaudia joggt jeden Morgen um ＿＿＿＿＿＿ ＿＿＿＿＿＿.（der See）

クラウディアは毎朝その湖の回りをジョギングします。

4）▌3・4 格支配の前置詞 ▌

an …のきわ（に・へ）	auf …の上（に・へ）	hinter …の後ろ（に・へ）
in …の中（に・へ）	neben …の横（に・へ）	über …の上方（に・へ）
unter …の下（に・へ）	vor …の前（に・へ）	zwischen …の間（に・へ）

28

場所を示すときは **3 格**，**方向**を示すときは **4 格**を支配します。

Die Zeitung liegt **auf dem** Tisch.　その新聞は机の上に置いてあります。（場所→ 3 格）

Ich lege die Zeitung **auf den** Tisch.　私はその新聞を机の上へ置きます。（方向→ 4 格）

確認練習 ④ 下線部に適切な定冠詞を補い，和訳してみよう。

1. Wohin geht Peter? — Er geht in ＿＿＿＿ Mensa.
Wo ist Peter jetzt? — Er ist in ＿＿＿＿ Mensa.

2. Wohin legen Sie die Bücher? — Ich lege sie neben ＿＿＿＿ Computer.
Wo liegen die Bücher jetzt? — Sie liegen neben ＿＿＿＿ Computer.

3. Wohin hängst du das Bild? — Ich hänge es an ＿＿＿＿ Wand.
Wo hängt das Bild jetzt? — Es hängt an ＿＿＿＿ Wand.

＊ Mensa *f.* 学生食堂　hängen 掛ける / 掛かっている　Bild *n.* 絵　Wand *f.* 壁

2 前置詞と定冠詞の融合形

前置詞は定冠詞と結合して，次のような融合形をつくることがあります。融合形にすると，定冠詞の指示的な意味は弱くなります。

an dem → am　in das → ins　von dem → vom　zu der → zur　など

29

3 動詞・形容詞の前置詞支配

動詞や形容詞のなかには，特定の前置詞を必要とするものがあります。これを動詞や形容詞の前置詞支配といいます。

Ich **warte** hier **auf** meinen Mann.　私はここで夫を待っています。

Herr Meyer ist **mit** seiner Arbeit **zufrieden**.　マイアー氏は彼の仕事に満足しています。

30

4 was für ein「どんな種類の」

was für ein…? は「どんな種類の…？」(*what kind of* ～ *?*) を表します。この表現では，für は前置詞としての格支配はしません。für の後の名詞が文中で何格になるかにより，ein の格が決まります。

Was für einen Kuchen kaufen Sie?　あなたはどんな種類のケーキを買うのですか。

Ich kaufe einen Käsekuchen.　私は チーズケーキを買います。

▶ 物質名詞や複数名詞の前では ein はつけません。

Was für Bier trinken Sie gern?　あなたはどんな種類のビールを飲むのが好きですか。

Ich trinke gern Pilsner.　私はピルスナーを飲むのが好きです。

Was für Bäume pflanzen Sie?　あなたはどんな種類の木々を植えるのですか。

Ich pflanze Kirschbäume.　私は桜の木を植えます。

発展練習

31

1 例にならい，下線部を入れ換えて，ペアで練習してみよう。

例　A: Spielst du mit deiner Freundin Tennis?

B: Ja, ich spiele mit ihr Tennis.

1. auf + 4 格 warten ～を待つ / Frau
2. an + 4 格 denken ～を思う / Freund
3. für + 4 格 arbeiten ～のために働く / Kinder *pl.*

32

2 例にならい，下線部を入れ換えて，ペアで練習してみよう。

例 A: Was für einen Roman kaufen Sie?

B: Ich kaufe einen Krimi.

A: Welchen Krimi kaufen Sie denn?

B: Ich kaufe diesen Krimi hier.

＊Krimi *m.* 推理小説　denn いったい

1. Zeitung / Wochenzeitung *f.* 週刊新聞
2. Wein / Rotwein *m.* 赤ワイン
3. Blumen *pl.* / Rosen *pl.* バラ

3 ドイツ語にしてみよう。

1. A: 私は夏休み（Sommerferien *pl.* 定冠詞つき）のあいだ友人たちと一緒に海（Meer *n.* 定冠詞つき）へ（an）行きます（fahren）。

   B: 僕は両親と一緒に山（Berge *pl.* 定冠詞つき）へ（in）行きます。

2. A: あなたはあなたのご主人（Mann *m.*）のためにこのプレゼント（Geschenk *n.*）を買うのですか。

   B: ええ，彼は土曜日（Samstag *m.*）に（an）誕生日なんです（Geburtstag haben）。

1. A: ＿＿＿＿ ＿＿＿＿ während ＿＿＿＿ ＿＿＿＿ mit ＿＿＿＿ ＿＿＿＿ an ＿＿＿＿ ＿＿＿＿.

   B: ＿＿＿＿ ＿＿＿＿ mit ＿＿＿＿ ＿＿＿＿ in ＿＿＿＿ ＿＿＿＿.

2. A: ＿＿＿＿ ＿＿＿＿ ＿＿＿＿ ＿＿＿＿ für ＿＿＿＿ ＿＿＿＿?

   B: ＿＿＿＿, ＿＿＿＿ ＿＿＿＿ am ＿＿＿＿ ＿＿＿＿.

33

さまざまな時を表す単語

der Morgen 朝　der Vormittag 午前　der Mittag 正午
der Nachmittag 午後　der Abend 夕方・晩　die Nacht 夜

der Tag 日　die Woche 週　der Monat 月　das Jahr 年

der Montag 月曜日　der Dienstag 火曜日
der Mittwoch 水曜日　der Donnerstag 木曜日
der Freitag 金曜日　der Samstag 土曜日
der Sonntag 日曜日
（前置詞は an → am Montag 月曜日に）

der Januar 1月　der Februar 2月　der März 3月
der April 4月　der Mai 5月　der Juni 6月
der Juli 7月　der August 8月　der September 9月
der Oktober 10月　der November 11月　der Dezember 12月
（前置詞は in → im Januar 1月に）

der Frühling 春

der Sommer 夏

der Herbst 秋

der Winter 冬

（前置詞は in → im Frühling 春に）

PAUSE

ウィーン

「音楽の都」として世界的に知られるオーストリアの首都ウィーン（Wien）は，第一次世界大戦まで，ハプスブルク家による支配のもと，中欧に広大な国土を有する多民族・多言語国家オーストリア＝ハンガリー帝国の首都でした。1918年，敗戦したオーストリアからは現在の共和国とともに，チェコスロヴァキア，ハンガリーなどの独立国家が誕生しました。現在のチェコからアドリア海にいたるさまざまな地域の文化がウィーンに流入し，そこで，他のドイツ語圏の都市には見られない多文化性を備えた独自の都市文化を形成してきました。

シェーンブルン宮殿

ウィーン市内

LEKTION 7　話法の助動詞・未来形・非人称動詞

1 話法の助動詞の種類と主な意味

話法の助動詞は動詞の不定詞とともに用いられ，動詞に主観的なニュアンスを加えます。

dürfen	…してもよい　(*may*)
können	…できる，…かもしれない　(*can*)
müssen	…しなければならない，…にちがいない　(*must*)
sollen	…すべきだ　(*should*)
wollen	…するつもりだ　(*will*)
mögen	…かもしれない，（単独用法）…が好きだ
(möchten)	…したい*（控え目な願望），（単独用法）…がほしい

＊ möchten は mögen の接続法第２式であり，話法の助動詞ではありませんが，話法の助動詞と同じ構文をとり，日常会話でよく用いられます。

2 話法の助動詞の現在人称変化

	dürfen	können	müssen	sollen	wollen	mögen	(möchten)
ich	darf	kann	muss	soll	will	mag	möchte
du	darfst	kannst	musst	sollst	willst	magst	möchtest
er	darf	kann	muss	soll	will	mag	möchte
wir	dürfen	können	müssen	sollen	wollen	mögen	möchten
ihr	dürft	könnt	müsst	sollt	wollt	mögt	möchtet
sie/Sie	dürfen	können	müssen	sollen	wollen	mögen	möchten

34

3 助動詞の構文と用法

1）話法の助動詞は文中では定動詞として第２位に置かれ，本動詞の不定詞は文末に置かれます。このような構造を**枠構造**といいます。

Sie **wollen** in Deutschland **studieren.**　あなたはドイツに留学するつもりです。

2）話法の助動詞の例文

dürfen

Darf ich hier *parken*?　ここに駐車していいですか。

Hier **dürfen** Sie nicht *parken*.　ここに駐車してはいけません。*

＊ dürfen の否定形は「…してはならない」の意味になります。

können

Das Kind **kann** gut *schwimmen*. その子供は上手に泳ぐことができます。

müssen

Müssen Sie heute Abend noch *arbeiten*?
あなたは今晩まだ仕事をしなければならないのですか。

Du **musst** morgen nicht *kommen*. 君は明日来なくてもよいです。*

* müssen の否定形は「…する必要はない」の意味になります。

wollen

Sie **will** Politikerin *werden*. 彼女は政治家になるつもりです。

sollen

Du **sollst** nicht *stehlen*. 君は盗みをすべきではありません。

mögen

Er **mag** mich *kennen*. 彼は私のことを知っているかもしれません。

möchten

Was **möchten** Sie *trinken*? 何をお飲みになりたいですか。

35

4 話法の助動詞の単独用法

話法の助動詞は単独で用いられることがあります。

Ich **muss** jetzt nach Hause. 私はもう帰宅しなければなりません。

Ich **mag** Eis. 私はアイスクリームが好きです。

確認練習 ① カッコ内の助動詞を用いて全文を書き換え，和訳してみよう。

1. Er spricht sehr gut Deutsch.（können）
   → Er ______ ______ ______ ______ ______.
2. Sie liest diese Bücher.（müssen）
   → Sie ______ ______ ______ ______.
3. Gehst du heute mit mir zur Bibliothek?（wollen）
   → ______ du ______ ______ ______
   ______ ______ ______?
4. In diesem Zimmer raucht ihr nicht.（dürfen）
   → In diesem Zimmer ______ ihr ______ ______.

5. Am Sonntag besuchst du ihn.（sollen）
→ Am Sonntag ＿＿＿＿＿＿ du ＿＿＿＿＿＿ ＿＿＿＿＿＿ .

6. Seine Tante ist schon etwa 60.（mögen）
→ Seine Tante ＿＿＿＿＿＿ ＿＿＿＿＿＿ ＿＿＿＿＿＿ ＿＿＿＿＿＿
＿＿＿＿＿＿ .

＊ rauchen 煙草を吸う　etwa およそ

36 5 未来形

未来形は werden を未来の助動詞とし，本動詞の不定詞を文末に置いてつくります。未来形は，未来の出来事のほかに，主語の意志や話者の相手に対する要請，現在の出来事に対する推量を表します。

Sie **wird** in einem Monat wieder gesund *sein*.
彼女は一ヶ月のうちには健康を回復しているでしょう。（未来）

Ich **werde** in Köln Medizin *studieren*. 私はケルン大学で医学を学ぶつもりです。（意志）

Du **wirst** mit mir *kommen*. 君は私と一緒に来るよね。（話者の要請）

Er **wird** jetzt zu Hause *sein*. 彼は今家にいるでしょう。（推量）

37 6 非人称動詞

特定の意味をもたない非人称の es を主語とする動詞を非人称動詞といいます。非人称動詞には次のようなものがあります。

1）天候，時間の表現

Es regnet. 雨が降っています。

Es ist heute warm. 今日は暖かいです。

Es ist bald sechs Uhr. もうすぐ６時です。

2）熟語・慣用句

es gibt ＋ 4 格（…がある）

Es gibt *einen Gott*. 神は存在します。

es geht ＋ 3 格（…の具合・調子は…である）

Wie **geht es** *Ihnen*? — Danke, **es geht** *mir* gut. お元気ですか。— ありがとう，元気です。

発展練習

1 例にならい，下線部を入れ換えて，ペアで練習してみよう。 (38)

例 A: Was möchten Sie heute machen?

B: Ich möchte mit meinem Mann ins Konzert gehen.

A: Schön! Was gibt es heute?

B: Es gibt Klaviersonaten von Beethoven.

＊ins Konzert gehen コンサートへ行く　schön! 素晴らしい！　Klaviersonate *f.* ピアノソナタ

1. Freundin / ins Kino gehen / „Modern Times“ von Chaplin
2. Eltern / in die Oper gehen / „Tannhäuser“ von Wagner
3. Vater / ins Theater gehen / „Hamlet“ von Shakespeare

2 例にならい，下線部を入れ換えて，ペアで練習してみよう。 (39)

例 A: Schneit es noch in Berlin?

B: Nein, es schneit nicht mehr. Aber es ist noch sehr kalt.

＊schneien 雪が降る　nicht mehr もはや～ではない　aber しかし　kalt 寒い

1. regnen / Bonn / kühl 涼しい
2. donnern 雷が鳴る / München / heiß 暑い
3. gewittern 雷雨が降る / Köln / dunkel 暗い

3 ドイツ語にしてみよう。

1. A: きみたちはエネルギー問題（Energiefrage *f.* 定冠詞つき）について（über + 4 格）議論する（diskutieren）つもりですか。

   B: はい，私たちはエネルギー（Energie *f.* 無冠詞で）を節約し（sparen），環境（Umwelt *f.* 定冠詞つき）を保護し（schützen）なければなりません。

2. A: 東京では 8 月には（in）暑い（heiß）のですか。

   B: はい，とても蒸し暑い（schwül）です。

1. A: __________ ihr über __________ __________ __________?

   B: __________, wir __________ __________ __________

   __________ __________ __________ __________.

2. A: __________ __________ __________ im __________

__________ __________?

B: __________, __________ __________ __________ __________.

40

さまざまな時刻の表現

Wie viel Uhr ist es? / Wie spät ist es? 何時ですか。

公式 口語

13：00 Uhr Es ist dreizehn Uhr. / Es ist eins（ein Uhr).

13：10 Uhr dreizehn Uhr zehn / zehn nach eins

13：15 Uhr dreizehn Uhr fünfzehn / Viertel nach eins

13：30 Uhr dreizehn Uhr dreißig / halb zwei

13：45 Uhr dreizehn Uhr fünfundvierzig / Viertel vor zwei

13：55 Uhr dreizehn Uhr fünfundfünfzig / fünf vor zwei

14：00 Uhr vierzehn Uhr / zwei（zwei Uhr）

Um wie viel Uhr beginnt das Fest? 何時にパーティーは始まりますか。
um neunzehn Uhr / **um** sieben（Uhr） 7時ちょうどに
gegen neunzehn Uhr / **gegen** sieben（Uhr） 7時ごろに

ペアで時刻を質問しあってみよう。

Wie viel Uhr ist es? / Wie spät ist es? — Es ist ____________.

1. vormittags 午前

2. nachmittags 午後

3. abends 晩

4. nachts 夜

PAUSE

ドイツの環境保護

ドイツが本格的に環境保護（Umweltschutz）に取り組み始めたのは，酸性雨による「森の枯死」が大きな問題となった1980年代でした。環境保護を掲げた市民運動を母体とする「緑の党」（Die Grünen）が州議会，さらには連邦議会に進出し，1998年から2005年まで政権に参加，環境保護を国全体の政策として推進する大きな力となりました。2018年，ドイツの電力供給に占める再生可能エネルギーの割合は37.2%と過去最大でした。一方，石炭，ガス，石油，原子力発電はいずれも減少しています（ちなみに，2016年，日本の電力供給に占める再生可能エネルギーの割合は6.9%でした。）。ドイツ政府は，2011年の福島原発事故を受けて，2022年までに国内の17基すべての原子炉を停止する意向を明らかにしました。今後，ドイツは，脱炭素社会へ向けて，風力と太陽光の再生可能エネルギーを主要なエネルギー供給源としていく見通しです。

バルト海の洋上風力発電所

フライブルクにあるソーラーパネルを取り付けた住宅

LEKTION 8　分離動詞と非分離動詞・接続詞

1 分離動詞

「分離する前綴り＋基礎動詞」の形をした動詞を**分離動詞**といいます。辞書の見出し語には，auf | stehen 起きる　のように，前綴りと基礎動詞の間に分離線が入っています。分離する前綴りには常にアクセントが置かれます。

41

2 分離動詞の構文と用法

分離動詞は，主文で定動詞として用いられた場合には分離し，前綴りは文末に置かれて**枠構造**になります。

平叙文	Sie **stehen** morgen um sechs **auf**.	あなたは明日6時に起きます。
否定文	Sie **stehen** morgen um sechs nicht **auf**.	あなたは明日6時に起きません。
疑問文	**Stehen** Sie morgen um sechs **auf**?	あなたは明日6時に起きますか。
命令文	**Stehen** Sie morgen um sechs **auf**!	明日6時に起きてください。

▶ 分離動詞が助動詞とともに用いられる場合には分離せず，不定詞として文末に置かれます。
Sie *müssen* morgen um sechs **aufstehen**.　あなたは明日6時に起きなくてはなりません。

確認練習 ①　カッコ内の分離動詞を現在人称変化させ，和訳してみよう。

1. (ein|laden) 招待する：

   Wen ＿＿＿＿＿＿ Sie heute Abend zum Essen ＿＿＿＿＿＿？

   — Ich ＿＿＿＿＿＿ meine Kollegen ＿＿＿＿＿＿ .

2. (an|rufen) 電話する：

   Wann ＿＿＿＿＿＿ du mich ＿＿＿＿＿＿？

   — Ich ＿＿＿＿＿＿ dich morgen Abend ＿＿＿＿＿＿ .

3. (ab|holen) 迎えに行く：

   Wen ＿＿＿＿＿＿ Stefan vom Bahnhof ＿＿＿＿＿＿？

   — Er ＿＿＿＿＿＿ seine Freunde aus Japan ＿＿＿＿＿＿ .

4. (zurück|kommen) 帰って来る：

   Wann ＿＿＿＿＿＿ Erika von ihrer Reise ＿＿＿＿＿＿？

   — Sie ＿＿＿＿＿＿ am Freitag ＿＿＿＿＿＿ .

＊ Essen *n.* 食事　Reise *f.* 旅行

42

3 非分離動詞

アクセントのない前綴り **be-, emp-, ent-, er-, ge-, ver-, zer-, miss-** をもつ動詞を**非分離動詞**といいます。

Ich **verstehe** ein bisschen Japanisch.　私は日本語を少し理解します。

4 接続詞

43

1）並列の接続詞

次のような並列の接続詞は，後続する文の語順に影響を与えません。

aber しかし　denn なぜなら　oder あるいは　und そして　など

Mein Mann geht ins Konzert, **aber** ich bleibe zu Hause.
夫はコンサートへ行きますが，私は家にいます。

Martin kommt heute nicht, **denn** er ist krank.
マルティンは病気なので，今日は来ません。

44

2）従属の接続詞

従属の接続詞に導かれる文を副文と呼び，定動詞は文末に置かれます（定動詞後置）。また，副文に対して主体となる文を主文と呼び，主文と副文は必ずコンマで区切られます。

als …したとき　dass …ということ　da …なので　weil …なので
wenn …するとき，…ならば　ob …かどうか　obwohl …にもかかわらず　など

Martin kommt heute nicht, **weil** er krank **ist**.　マルティンは病気なので，今日は来ません。
主文　副文

ただし，副文が文頭に置かれると，それに続く主文の語順は定動詞＋主語となります。

Weil er krank **ist**, **kommt Martin** heute nicht.
副文　主文

▶ 副文中では分離動詞は分離せず，前綴りと結合して 1 語となります。
Ich rufe dich sofort an, **wenn** ich in Frankfurt **ankomme**.
主文　副文
フランクフルトに着いたら，すぐにきみに電話します。

▶ 副文中では助動詞は文末に置かれます。
Ich gehe schon ins Bett, **weil** ich morgen sehr früh aufstehen **muss**.
主文　副文
明日はとても早く起きなくてはならないので，もう寝ます。

確認練習 ② カッコ内の接続詞を用いて b）の文を a）の文に結び，和訳してみよう。

1. a）Ich esse mit meiner Familie zusammen zu Mittag.
   b）Heute ist Sonntag.（da）
   → Ich esse mit meiner Familie zusammen zu Mittag, da ＿＿＿＿＿＿ ＿＿＿＿＿＿ ＿＿＿＿＿＿.
2. a）Wir machen übermorgen einen Ausflug.
   b）Das Wetter ist nicht so gut.（obwohl）
   → Wir machen übermorgen einen Ausflug, obwohl ＿＿＿＿＿＿ ＿＿＿＿＿＿ ＿＿＿＿＿＿ ＿＿＿＿＿＿ ＿＿＿＿＿＿ ＿＿＿＿＿＿.
3. a）Ich bin sicher.
   b）Das Konzert fängt morgen um halb sieben an.（dass）
   → Ich bin sicher, dass ＿＿＿＿＿＿ ＿＿＿＿＿＿ ＿＿＿＿＿＿ ＿＿＿＿＿＿ ＿＿＿＿＿＿ ＿＿＿＿＿＿ ＿＿＿＿＿＿.
4. a）Markus lernt jetzt bei einem Japaner intensiv Japanisch.
   b）Er will in Tokyo arbeiten.（weil）
   → Markus lernt jetzt bei einem Japaner intensiv Japanisch, weil ＿＿＿＿＿＿ ＿＿＿＿＿＿ ＿＿＿＿＿＿ ＿＿＿＿＿＿ ＿＿＿＿＿＿.

＊ zu Mittag essen 昼食をとる　Familie *f.* 家族　übermorgen 明後日　Ausflug *m.* ハイキング
Wetter *n.* 天気　sicher 確かな　an|fangen 始まる　intensiv 集中的に

45

3）間接疑問文

間接疑問文も副文であるため，定動詞は後置されます。

a）疑問詞のあるとき：疑問詞をそのまま使って，定動詞を後置します。

Wo wohnt Hans jetzt?　ハンスはいまどこに住んでいますか。

Wissen Sie, **wo** Hans jetzt **wohnt**?　ハンスがいまどこに住んでいるか，あなたは知っていますか。

b）疑問詞のないとき：従属の接続詞 ob「…かどうか」を用いて，定動詞を後置します。

Ist Herr Bauer schon verheiratet?　バウアー氏はもう結婚しているのですか。

Ich weiß nicht, **ob** Herr Bauer schon verheiratet **ist**.　バウアー氏がもう結婚しているかどうか，私は知りません。

確認練習 ③ 次の直接疑問文を間接疑問文にして，和訳してみよう。

1. Wohin fährt dieser Zug?
→ Weißt du, ____________ ____________ ____________ ____________?

2. Was bringt Peter unseren Kindern mit?
→ Wir wissen nicht, ____________ ____________ ____________ ____________
____________.

3. Wo soll ich umsteigen?
→ Ich möchte wissen, ____________ ____________ ____________
____________.

4. Hat Monika heute Abend Zeit?
→ Wissen Sie, ____________ ____________ ____________ ____________
____________ ____________?

＊ Zug *m.* 列車　mit|bringen 持ってくる　um|steigen 乗り換える

46 5 nicht の位置

1）全文否定の場合

全文を否定する nicht は一般に文末に置きます。

Er kommt heute **nicht**. 彼は今日来ません。

▶ ただし，定動詞と強く結びついている文成分が文末にある場合には，nicht はその直前に置きます。

1. 不定詞 Er kann **nicht** schwimmen. 彼は泳げません。
2. 分離動詞の前綴り Er nimmt seine Freundin **nicht** mit. 彼はガールフレンドを連れて行きません。
3. 過去分詞 Er ist heute **nicht** gekommen. 彼は今日来ませんでした。(過去分詞については 57 ページを参照してください)
4. 動詞 sein や werden と結びついて述語になる形容詞や名詞
   Er ist **nicht** krank. 彼は病気ではありません。

2）部分否定の場合

文の一成分だけを否定する nicht は，その文成分の直前に置きます。

Er kommt **nicht** heute (, sondern morgen). 彼は今日は来ません（が，明日は来ます）。

Er kauft **nicht** das Buch (, sondern die Zeitschrift). 彼はその本は買いません（が，その雑誌は買います）。

発展練習

47 **1** 例にならい，下線部を入れ換えて，ペアで練習してみよう。

例 A: Um wie viel Uhr kommst du nach Hause zurück?

B: Um halb sechs. Ich kann danach mit dir wieder ausgehen.

＊danach そのあと　aus|gehen 外出する

1. um 8：30 / zu Hause fern|sehen（テレビを見る）
2. gegen 5：00 / deine Eltern ab|holen
3. gegen 3：00 / im Supermarkt（*m.*　スーパーマーケット）ein|kaufen（買い物をする）

48 **2** 例にならい，下線部を入れ換えて，ペアで練習してみよう。

例 A: Trinken Sie viel Alkohol?

B: Nein, ich trinke nicht viel Alkohol. Ich will gesund bleiben.

＊viel たくさん　Alkohol *m.* アルコール　bleiben ～のままでいる

1. viel rauchen / jung
2. viel essen / schlank　ほっそりした
3. viel kochen / fit　体調の良い

3 ドイツ語にしてみよう。

1. A: 私はドイツで，ある語学講習（Sprachkurs *m.* 不定冠詞つき）に参加（an + 3 格 teil|nehmen）するつもりです。

   B: もしあなたがお金（Geld *n.* 無冠詞で）を必要としている（brauchen）なら，あなたはここでアルバイトをする（jobben）ことができます。

2. A: きみはいつ連邦軍（Bundeswehr *f.* 定冠詞つき）に関する（über + 4 格）その本を私に返して（zurück|geben）くれますか。

   B: 月曜日にそれを持っていきます（mit|bringen）。

1. A: ____________ will ____________ ____________ an ____________

   ____________ ____________.

   B: Wenn ____________ ____________ ____________, können

   ____________ ____________ ____________.

2. A: Wann ___________ ___________ mir ___________ ___________

___________ ___________ ___________ ___________?

B: Ich ___________ es ___________ ___________ ___________.

49

数詞 (3)

1 000 (ein)tausend　10 000 zehntausend　100 000 hunderttausend
1 000 000 eine Million　1955 eintausendneunhundertfünfundfünfzig

年　号

1955 年　neunzehnhundertfünfundfünfzig
2020 年　zweitausendzwanzig

(Im Jahr) 2020 fliege ich nach Deutschland.　2020 年に私はドイツへ行きます。

PAUSE

ドイツ連邦軍

ドイツ連邦軍（Bundeswehr）は，1955 年ドイツ連邦共和国の NATO 加盟を受けて編成されました。1956 年，18 歳から 45 歳までの全男子国民に徴兵制が導入されましたが，2011 年，この徴兵制は停止され，現在では，男女を対象にした志願兵制となっています。ドイツ連邦軍の任務は，NATO 軍の一員としてヨーロッパを防衛することですが，ドイツの憲法である基本法の定める「防衛」は，1994 年連邦憲法裁判所による判例で解釈が拡大され，連邦議会の事前承認により，NATO 域外への派兵が認められました。ドイツ連邦軍は，2018 年 5 月現在，アフガニスタン，コソボ，スーダン，マリ，イラクなどで，軍事作戦や平和維持活動を行っています。

ドイツ連邦軍

LEKTION 9　動詞の三基本形・過去人称変化

1 動詞の三基本形

不定詞・過去基本形・過去分詞を動詞の三基本形と呼びます。規則変化するものと不規則変化するものがあります。

1）規則変化動詞（弱変化動詞）

不定詞	過去基本形	過去分詞
— [e]n	— te	ge — t
wohnen　住む	wohnte	gewohnt
arbeiten*　働く	arbeitete	gearbeitet

＊ 語幹が -d, -t などで終わる動詞の過去基本形，過去分詞には口調上の e を添えます。

確認練習 ① 次の動詞の過去基本形，過去分詞をつくってみよう。

1. sagen　言う　____________　____________
2. machen　する　____________　____________
3. warten　待つ　____________　____________

2）不規則変化動詞 1（強変化動詞）

不定詞	過去基本形	過去分詞
— en	—	ge — en
パターン 1（幹母音がすべて異なる）		
finden　見つける	fand	gefunden
gehen　行く	ging	gegangen
パターン 2（過去基本形と過去分詞の幹母音が同じ）		
schreiben　書く	schrieb	geschrieben
stehen　立っている	stand	gestanden
パターン 3（不定詞と過去分詞の幹母音が同じ）		
fahren　乗り物で行く	fuhr	gefahren
kommen　来る	kam	gekommen

3）不規則変化動詞 2（混合変化動詞）

不定詞	過去基本形	過去分詞
— en	— te	ge — t
bri*n*gen 持ってくる	bra*ch*te	gebra*ch*t
wi*ss*en 知っている	w*u*sste	gew*u*sst

＊ 混合変化では，過去基本形と過去分詞の幹母音はつねに同じになります。

4）最重要動詞の三基本形

不定詞	過去基本形	過去分詞
sein …である，存在する	war	gewesen
haben 持っている	hatte	gehabt
werden …になる	wurde	geworden

確認練習 ② 次の動詞の過去基本形，過去分詞を不規則動詞変化表で調べてみよう。

（以下、右肩の＊は不規則動詞を表します。）

1. sprechen* 話す ＿＿＿＿＿ ＿＿＿＿＿
2. bleiben* とどまる ＿＿＿＿＿ ＿＿＿＿＿
3. geben* 与える ＿＿＿＿＿ ＿＿＿＿＿

2 分離動詞の三基本形

基礎動詞の三基本形をもとに，次の形で作ります。

不定詞		過去基本形	過去分詞
ab|**holen**	迎えに行く	**holte** ... *ab*	*ab***geholt**
an|**rufen***	電話する	**rief** ... *an*	*an***gerufen**

3 過去分詞に ge- がつかない動詞

1）非分離動詞

不定詞		過去基本形	過去分詞
*ver***stehen***	理解する	*ver***stand**	*ver***standen**

2）語尾が -ieren で終わる外来語の動詞＊

不定詞		過去基本形	過去分詞
studier**en**	大学で学ぶ	studier**te**	studier**t**

＊この種類の動詞はすべて規則変化動詞です。

確認練習 ③ 次の動詞の過去基本形，過去分詞をつくってみよう。

1. fotografieren 写真をとる ____________ ____________
2. besuchen 訪問する ____________ ____________
3. auf|stehen* 起床する ____________ ____________

4 過去人称変化

過去人称変化は，過去基本形に過去人称変化語尾をつけてつくります。

不定詞		haben 持っている	sein ～である	finden 見つける	lesen 読む
過去基本形		hatte	war	fand	las
ich	—	hatte	war	fand	las
du	— **st**	hatte**st**	war**st**	fand**est***	las**est****
er	—	hatte	war	fand	las
wir	— **[e]n**	hatte**n**	war**en**	fand**en**	las**en**
ihr	— **t**	hatte**t**	war**t**	fand**et***	las**t**
sie / Sie	— **[e]n**	hatte**n**	war**en**	fand**en**	las**en**

＊ 過去基本形が -d, -t で終わる動詞は，du — est, ihr — et となります。
＊＊ 過去基本形が -s, -ß, -sch, -z で終わる動詞は，du — est となります。

確認練習 ④ 下線部を入れ換えて文章を完成してみよう。

1. Wie fanden Sie das Buch? — Ich fand es sehr interessant.
あなたはその本をどう思いましたか。とてもおもしろいと思いました。
→きみたち / 映画（Film *m.*）/ 素晴らしい（gut）
____________ ____________ ihr ____________ ____________?
— ____________ ____________ ____________ ____________
____________.

2. Wo war er gestern? — Er war in der Bibliothek.
彼は昨日どこにいましたか。彼は図書館にいました。
→きみ / 学生食堂に（Mensa *f.*）
____________ ____________ du ____________?
— ____________ ____________ ____________ ____________
____________.

3. Wann kamen sie an? — Sie kamen am Montag an.

彼らはいつ到着したのですか。彼らは月曜日に到着しました。

→あなた / 水曜日に（Mittwoch *m.*）

__________ __________ Sie __________ ?

— __________ __________ __________ __________

__________ .

発展練習

50 **1** 例にならい，下線部を入れ換えて，ペアで練習してみよう。

例 A: Wie war der Urlaub?

B: Schön. Wir waren in Deutschland. Wo waren Sie im Sommer?

A: Ich war leider nur in Tokyo.

＊Urlaub *m.*（有給）休暇　leider 残念ながら　nur ただ～だけ

1. Ferien *pl.* 休暇 / Italien イタリア
2. Reise / die Schweiz *f.* スイス
3. Kongress *m.* 国際会議 / China 中国

51 **2** 例にならい，下線部を入れ換えて，ペアで練習してみよう。

例 A: Hattest du gestern Fieber?

B: Ja, ich hatte Fieber. Ich war den ganzen Tag im Bett.

＊Fieber *n.* 熱　den ganzen Tag 一日中　Bett *n.* ベット

1. Sie あなた / Husten *m.* 咳 / zu Hause
2. Thomas / Kopfschmerzen *pl.* 頭痛 / beim Arzt
3. ihr / eine Erkältung *f.* 風邪 / im Krankenhaus

3 ドイツ語にしてみよう。

1. A: あなたは当時（damals）ケルン（Köln）でギムナジウム（Gymnasium *n.* 不定冠詞つき）に通われて（besuchen）いました。

   B: 1995年に私はそこで高校卒業試験（Abitur *n.* 定冠詞つき）を受験しました（machen）。

2. A: 1989年に壁（Mauer *f.* 定冠詞つき）が崩れた（fallen*）とき（als），きみたちはベルリンにいましたか。

   B: はい，私たちはその体験（Erlebnis *n.*）を決して（nie）忘れ（vergessen*）ません。

1. A: ______ ______ damals ______ ______

   ______ ______ .

   B: 1995 ______ ______ dort ______ ______ .

2. A: ______ ______ ______ ______ , als

   ______ ______ 1989 ______ ?

   B: ______ , ______ ______ nie ______

   ______ .

52

さまざまな国名・国民・言語

国名	国民（男性）	（女性）	言語
Deutschland	Deutscher	Deutsche	Deutsch
Österreich	Österreicher	Österreicherin	Deutsch
die Schweiz（*f.*）	Schweizer	Schweizerin	Deutsch / Französisch / Italienisch
die USA（*pl.*）	Amerikaner	Amerikanerin	Englisch
England	Engländer	Engländerin	Englisch
Frankreich	Franzose	Französin	Französisch
Italien	Italiener	Italienerin	Italienisch
Spanien	Spanier	Spanierin	Spanisch
Japan	Japaner	Japanerin	Japanisch
China	Chinese	Chinesin	Chinesisch

PAUSE

ドイツの学校制度

ドイツの義務教育は６歳から始まり９年間（一部の州では10年間）続きますが，小学校（Grundschule）の第４学年が終わると，基幹学校（Hauptschule），実科学校（Realschule），ギムナジウム（Gymnasium）の選択を行う三分岐制度が長らく取られてきました。将来，大学へ行く生徒が進学するギムナジウムは９年制。最終学年で卒業試験（Abitur）に合格すると大学入学資格を取得できます。６年制の実科学校を選んだ生徒は，卒業後には職業教育専門学校や上級専門学校に進学できます。５年ないし６年制の基幹学校を終えたほとんどの生徒は，実地で職業を学ぶかたわら職業学校に通います。しかし従来の三分岐制度には弊害があり，現在、改革が行われています。たとえば，いままでの基幹学校を廃止し，それを実科学校あるいは総合校に統合する新制中等学校として再編するケースのように，「ギムナジウム＋１種」という二分岐制度を導入する州も増えてきました。こうした学校改革は各州によってさまざまで，模索が続いているのが現状です。

<table>
<tr><td>学年</td><td colspan="3" rowspan="2">専門大学
（Fachhochschule）</td><td colspan="2">大学
（Universität, Hochschule）</td></tr>
<tr><td>13</td><td rowspan="4">ギムナジウム
（Gymnasium）</td><td rowspan="4">総合校
（Gesamtschule）**</td></tr>
<tr><td>12
11</td><td>職業教育</td><td>職業教育専門学校
（Berufsfachschule）</td><td>上級専門学校
（Fachoberschule）</td></tr>
<tr><td>10
9
8
7</td><td>基幹学校
（Hauptschule）
〈第９ないし10学年まで〉</td><td colspan="2">実科学校（Realschule）</td></tr>
<tr><td>6*
5</td><td></td><td colspan="2"></td></tr>
<tr><td>4
3
2
1</td><td colspan="5">小学校（Grundschule）</td></tr>
<tr><td></td><td colspan="5">幼稚園（Kindergarten）</td></tr>
</table>

＊ 第５～６学年はオリエンテーション期間。

＊＊ 基幹学校・実科学校・ギムナジウムをひとつにまとめた総合校は，11～13学年までギムナジウム上級課程に相当するクラスを持ちます。

ドイツの小学校での授業風景

ライプツィヒ大学の構内

LEKTION 10 現在完了・再帰表現

1 現在完了の用法

一般に，過去に身を置いて過去を語る際（物語など）には過去時称を用いるのに対して，現在の立場から過去を語る際（会話など）には現在完了を用います。また，英語とは異なり，過去を表す副詞（たとえば gestern 昨日 あるいは letzte Woche 先週 など）と現在完了を共に使うことができます。

2 現在完了の人称変化

53

現在完了は haben か sein を助動詞として現在人称変化させ，過去分詞を文末に置いて，**枠構造**をとります。

不定詞 lernen 学ぶ		不定詞 gehen 行く	
ich	habe ..... gelernt	ich	bin ..... gegangen
du	hast ..... gelernt	du	bist ..... gegangen
er	hat ..... gelernt	er	ist ..... gegangen
wir	haben ..... gelernt	wir	sind ..... gegangen
ihr	habt ..... gelernt	ihr	seid ..... gegangen
sie/Sie	haben ..... gelernt	sie/Sie	sind ..... gegangen

Ich **habe** gestern Deutsch **gelernt**. 私は昨日ドイツ語を学びました。
Ich **bin** letzte Woche ins Kino **gegangen**. 私は先週映画館へ行きました。

3 完了の助動詞

大部分の動詞は haben を助動詞として完了形をつくります。自動詞*のうち次のものは，sein を助動詞として完了形をつくります。

＊ドイツ語では 4 格の直接目的語をとる動詞を「他動詞」と呼び，4 格目的語をとらない動詞を「自動詞」と呼びます。

1）場所の移動を表すもの：gehen 行く，fahren 乗り物で行く，kommen 来る　など
2）状態の変化を表すもの：werden …になる，wachsen 成長する，sterben 死ぬ　など
3）その他　：sein …である，bleiben とどまる　など

確認練習 ① カッコ内の動詞を現在完了時称にして文章を完成させ，和訳してみよう。

1. Ich ____________ am Wochenende in die Schweiz ____________ .（fahren*）
2. Er ____________ in den Sommerferien in der Bibliothek ____________ .（jobben）
3. Maria ____________ gestern gegen halb acht ____________ .（auf|stehen*）
4. Wir ____________ am Sonntag unsere Großmutter ____________ .（besuchen）

＊ Wochenende *n.* 週末

54

4 再帰代名詞

1 つの文のなかで主語と同じものを表す代名詞を**再帰代名詞**といいます。再帰代名詞には 3 格と 4 格があります。1 人称と親称 2 人称は人称代名詞と同じです（24 ページを参照して下さい）。

	1 人称		2 人称			3 人称	
	ich	wir	du	ihr	Sie	er, sie, es	sie
3 格	mir	uns	dir	euch	**sich**	**sich**	**sich**
4 格	mich	uns	dich	euch	**sich**	**sich**	**sich**

Er kauft mir das Buch. 彼は私にその本を買ってくれます。（mir は人称代名詞）
Ich kaufe **mir** das Buch. 私は自分にその本を買います。（mir は再帰代名詞）
Er liebt mich. 彼は私を愛しています。（mich は人称代名詞）
Ich liebe **mich**. 私は自分を愛しています。（mich は再帰代名詞）

5 再帰動詞

再帰代名詞と結合して 1 つの概念を表す動詞を**再帰動詞**といいます。再帰動詞には 4 格の再帰代名詞をとるものと，3 格の再帰代名詞をとるものがあります。

1）4 格の再帰代名詞をとる再帰動詞

sich（4 格）freuen 喜ぶ			
ich	freue **mich**	wir	freuen **uns**
du	freust **dich**	ihr	freut **euch**
er	freut **sich**	sie/Sie	freuen **sich**

2）3 格の再帰代名詞をとる再帰動詞

sich（3 格）überlegen 熟考する			
ich	überlege **mir**	wir	überlegen **uns**
du	überlegst **dir**	ihr	überlegt **euch**
er	überlegt **sich**	sie/Sie	überlegen **sich**

55

6 相互代名詞

主語が複数を意味する語の場合，再帰代名詞は「互いに」の意味で用いられることがあります。

Wir helfen **uns** immer.　私たちはいつも相互に助け合います。

確認練習 ② 下線部を入れ換えて文章を完成してみよう。

1. Sie macht sich Kaffee.　彼女は自分にコーヒーを入れます。
→私 / 紅茶
_______ _______ _______ _______ .

2. Ich setze mich auf den Stuhl.　私はその椅子の上にすわります。
→彼 / ソファー（Sofa *n.*）
_______ _______ _______ _______ _______
_______ .

3. Du erkältest dich sehr oft.　きみはとてもよく風邪をひきます。
→私たち / めったに〜しない（nur selten）
_______ _______ _______ _______ _______ .

4. Ich wasche mir die Hände.　私は手を洗います。
→彼女 / 髪（Haare *pl.*）
_______ _______ _______ _______ _______ .

5. Wir treffen uns vor dem Bahnhof.　私たちは駅の前で待ち合わせます。
→きみたち / 教会
_______ _______ _______ _______ _______
_______ .

発展練習

56 **1** 例にならい，下線部を入れ換えて，ペアで練習してみよう。

例　A: Was haben Sie am Sonntag gemacht?
B: Ich bin ins Restaurant gegangen.
A: Was haben Sie da gegessen?
B: Ich habe Steak gegessen.

＊Steak *n.* ステーキ

1. Montag / nach Bonn fahren*/ sehen*/ das Geburtshaus（*n.* 生家） von Beethoven
2. Mittwoch / in der Küche（*f.* キッチン）meiner Mutter helfen*（手伝う）/ kochen / Suppe
3. Freitag / zur Party gehen* / trinken* / Weißwein *m.* 白ワイン

57 **2** 例にならい，下線部を入れ換えて，ペアで練習してみよう。

例　A: Interessierst du dich für Japan?
B: Ja, ich interessiere mich für Japan.
A: Wollen wir dann zusammen japanisch essen gehen?
B: Sehr gerne.

＊sich^4 für + 4 格 interessieren ～に興味がある　wollen wir ～？ ～しましょうか（勧誘）

1. sich^4 auf + 4 格 freuen ～を楽しみにする / die Ferien / einen Ausflug machen
2. sich^4 über + 4 格 freuen ～を喜ぶ / der Erfolg *m.* 成功 / Bier trinken
3. sich^4 an + 4 格 erinnern ～を覚えている / unsere Italienreise（*f.* イタリア旅行）/ noch einmal（もう一度）nach Italien reisen

3 ドイツ語にしてみよう。

1. A: あなたは映画（Film *m.* → Filme *pl.* 複数形で無冠詞で）に興味がありますか。
   B: はい，私は映画学（Filmwissenschaft *f.* 無冠詞で）を専攻しました（studieren）。
2. A: きみは今朝（heute Morgen）何をしましたか。
   B: 急いで（schnell）シャワーをあびました（sich^4 duschen）。

1. A: ____________ Sie ____________ ____________ ____________?
   B: ____________, ____________ habe ____________ ____________.

2. A: ＿＿＿＿＿＿ hast ＿＿＿＿＿＿ ＿＿＿＿＿＿ ＿＿＿＿＿＿

＿＿＿＿＿＿?

B: ＿＿＿＿＿＿ ＿＿＿＿＿＿ ＿＿＿＿＿＿ schnell ＿＿＿＿＿＿.

58

さまざまな身体の部分

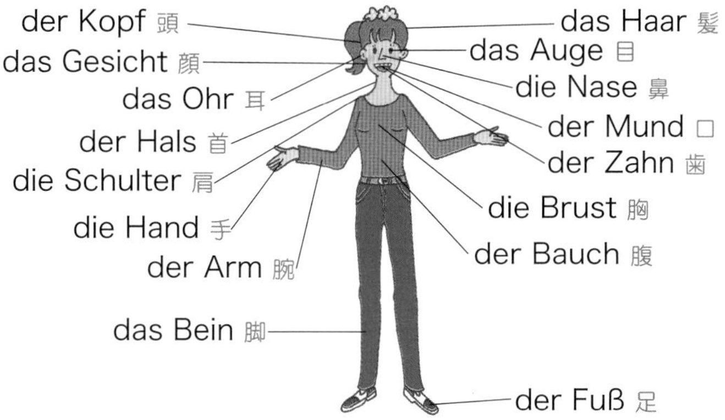

PAUSE

ドイツの映画

ドイツ映画は第一次世界大戦後の1920年代に最初の黄金期を迎えました。ロベルト・ヴィーネ『カリガリ博士』(1920年), F・W・ムルナウ『ノスフェラトゥ』(1922年), フリッツ・ラング『メトロポリス』(1926年) などの名作が次々に生まれました。第二の黄金期は1960年代後半からのいわゆる「ニュー・ジャーマン・シネマ」の時期です。フォルカー・シュレンドルフ, ヴェルナー・ヘルツォーク, ライナー・ファスビンダー, そしてヴィム・ヴェンダースなど新しい世代の映画監督たちが活躍し, 世界的に注目を集めました。2000年に入ってからも、『グッバイ・レーニン』(2003年),『善き人のためのソナタ』(2006年),『ハンナ・アーレント』(2012年),『帰ってきたヒトラー』(2015年),『はじめてのおもてなし』(2016年) など, 続々と話題作が封切られ, 日本でも劇場公開されています。

帰ってきたヒトラー

ブルーレイ＆DVD好評発売中　発売・販売元：ギャガ

はじめてのおもてなし

ブルーレイ＆DVD好評発売中　発売・販売元：ポニーキャニオン

LEKTION 11　形容詞の格変化

1 形容詞の用法

1）述語的用法　Er ist fleißig.　彼は勤勉です。

2）副詞的用法　Er arbeitet fleißig.　彼は勤勉に働きます。

3）付加語的用法　Er ist ein fleißig**er** Student.　彼は勤勉な学生です。

2 形容詞の格変化

形容詞は，名詞の前に置かれて名詞の付加語になる場合には，名詞の性・数・格に応じて格語尾をつけます。形容詞の格変化には，次のような 3 種類があります。

1）強変化：形容詞＋名詞（無冠詞の場合）

形容詞の前に冠詞類がつかない場合は，形容詞が定冠詞類と同じように変化します。ただし男性・中性の 2 格は，後続の名詞に -[e]s がつくので，形容詞の語尾は -es ではなく，-en となります。

	男　性　*m.* 良いコーヒー	女　性　*f.* 良いミルク	中　性　*n.* 良いビール	複　数　*pl.* 良い飲み物
1 格	gut**er** Kaffee	gut**e** Milch	gut**es** Bier	gut**e** Getränke
2 格	gut**en** Kaffees	gut**er** Milch	gut**en** Bier[e]s	gut**er** Getränke
3 格	gut**em** Kaffee	gut**er** Milch	gut**em** Bier	gut**en** Getränken
4 格	gut**en** Kaffee	gut**e** Milch	gut**es** Bier	gut**e** Getränke

2）弱変化：定冠詞［類］＋形容詞＋名詞

形容詞の前に定冠詞や定冠詞類がつく場合は，すでにこれらの冠詞類が名詞の格を表示しているので，形容詞が名詞の格を示す必要がありません。したがって，形容詞の語尾は -e や -en となります。

	男　性　*m.* その新しいコート	女　性　*f.* その新しい上着	中　性　*n.* その新しいドレス
1 格	der neu**e** Mantel	die neu**e** Jacke	das neu**e** Kleid
2 格	des neu**en** Mantels	der neu**en** Jacke	des neu**en** Kleid[e]s
3 格	dem neu**en** Mantel	der neu**en** Jacke	dem neu**en** Kleid
4 格	den neu**en** Mantel	die neu**e** Jacke	das neu**e** Kleid

	複　数　*pl.* その新しいジーンズ
1 格	die　neu**en** Jeans
2 格	der　neu**en** Jeans
3 格	den neu**en** Jeans
4 格	die　neu**en** Jeans

3）混合変化：不定冠詞［類］＋形容詞＋名詞

不定冠詞［類］は男性 1 格と中性 1 格・4 格で格語尾がつかないので，形容詞がその 3 箇所で強変化の語尾をとります。その他は，弱変化の場合と同じ変化をします。

	男　性　*m.* ひとつの大きな机	女　性　*f.* ひとつの大きな鞄	中　性　*n.* ひとつの大きな家
1 格	ein　groß***er*** Tisch	eine　groß**e**　Tasche	ein　groß***es*** Haus
2 格	eines　groß**en** Tisch[e]s	einer groß**en** Tasche	eines　groß**en** Hauses
3 格	einem groß**en** Tisch	einer groß**en** Tasche	einem groß**en** Haus
4 格	einen　groß**en** Tisch	eine　groß**e**　Tasche	ein　groß***es*** Haus
	複　数　*pl.* 私たちの大きな部屋		
1 格	unsere　groß**en** Zimmer		
2 格	unserer　groß**en** Zimmer		
3 格	unseren groß**en** Zimmern		
4 格	unsere　groß**en** Zimmer		

確認練習 ① 下線部を入れ換えて文章を完成してみよう。

1. Ich trinke gern roten Wein.　私は赤ワインを飲むのが好きです。

→冷たい（kalt）水（Wasser *n.*）

__________ __________ __________ __________ __________ .

2. Kennen Sie die schöne Frau?　あなたはその美しい女性を知っていますか。

→その年老いた男性

__________ __________ __________ __________ __________ ?

3. Er ist mit seinem deutschen Auto sehr zufrieden.

彼は自分のドイツ車にとても満足しています。

→自分の明るい（hell）住まい（Wohnung *f.*）

__________ __________ __________ __________ __________

__________ __________ __________ .

60

3 不定代名詞 man

不定代名詞の man は，漠然と〈人〉を表し，主語を特定しないときに用います。3 人称単数として扱い，その所有冠詞は sein です。しかし人称代名詞の er で受けることができず，必要なときは man を繰り返します。

Spricht **man** in Österreich Deutsch? — Ja, und **man** spricht Deutsch auch in der Schweiz.　オーストリアではドイツ語を話しますか。— はい，そしてスイスでもドイツ語を話します。

発展練習

61

1 例にならい，下線部を入れ換えて，ペアで練習してみよう。

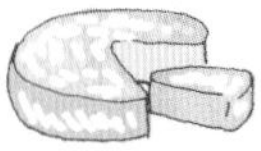

例　A: Was für Käse möchten Sie?

B: Ich möchte französischen Käse.

A: Probieren Sie dann diesen französischen Käse!

B: Er schmeckt sehr gut!

＊französisch フランスの　probieren 試食する　schmecken 味がする

1. Wein / italienisch　イタリアの
2. Bier / deutsch
3. Schokolade *f.* チョコレート / belgisch ベルギーの

62

2 例にならい，下線部を入れ換えて，ペアで練習してみよう。

例　A: Hast du heute Abend etwas vor?

B: Nein, ich habe nichts vor.

A: Dann lesen wir zusammen japanische Comics!

B: O.K. Gute Idee!

＊vor|haben 予定する　etwas 何か　nichts 何も～でない　Comics *pl.* コミック　Idee *f.* アイディア

1. besuchen / spanisch スペインの / Restaurant

2. sehen / amerikanisch アメリカの / DVD *f.* DVD

3. kochen / chinesisch 中国の / Nudeln *pl.* 麺類

3 ドイツ語にしてみよう。

1. A: 私は新しい携帯（Handy *n.* 不定冠詞つき）を欲しいんです。

   B: この新型（Modell *n.*）はとても便利（praktisch）ですよ。

2. A: どのようにしたらそれらの貧しい（arm）人々（Leute *pl.*）を支援する（unterstützen）ことができるでしょうか（man を主語にします）。

   B: それはグローバルな（global）テーマ（Thema *n.* 不定冠詞つき）ですね。

1. A: ＿＿＿＿＿ möchte ＿＿＿＿＿ ＿＿＿＿＿ ＿＿＿＿＿ .

   B: Dieses ＿＿＿＿＿ ＿＿＿＿＿ ＿＿＿＿＿ ＿＿＿＿＿

   ＿＿＿＿＿ .

2. A: ＿＿＿＿＿ kann ＿＿＿＿＿ ＿＿＿＿＿ ＿＿＿＿＿

   ＿＿＿＿＿ ＿＿＿＿＿ ?

   B: Das ＿＿＿＿＿ ＿＿＿＿＿ ＿＿＿＿＿ ＿＿＿＿＿ .

63

序数詞

1 から 19 までは基数詞に語尾 -t をつけ，20 以上は語尾 -st をつけます。

1. **erst** 2. zwei**t** 3. **dritt** 4. vier**t** 5. fünf**t** 6. sechs**t** 7. **siebt**
8. **acht** 9. neun**t** 10. zehn**t** 11. elf**t** 12. zwölf**t** 13. dreizehn**t**
19. neunzehn**t** 20. zwanzig**st** 21. einundzwanzig**st** 30. dreißig**st**
100. hundert**st** 101. hundert**erst** 1000. tausend**st**

Mein Großvater hat heute seinen 75.（fünfundsiebzigst*en*）Geburtstag.
私の祖父は今日 75 歳の誕生日を迎えます。

Der Wievielte ist heute? / Den Wievielt*en* haben wir heute? 今日は何日ですか。
Heute ist der 5.（fünft*e*）Oktober. / Heute haben wir den 5.（fünft*en*）Oktober.
今日は 10 月 5 日です。

Ich habe **am** 5.（fünft*en*）Oktober eine Prüfung. 私は 10 月 5 日に試験があります。

ペアで質問しあってみよう。

1. Der Wievielte ist heute?

   Heute __________ __________ __________ __________ .

2. Den Wievielten haben wir morgen?

   Morgen __________ __________ __________ __________

   __________ .

3. Wann hast du Geburtstag? 誕生日はいつですか。

   __________ __________ am __________ __________ Geburtstag.

4. Wann beginnen die Winterferien? 冬休みはいつ始まりますか。

   Sie __________ am __________ __________ .

PAUSE

ドイツのマスメディア

ドイツの携帯電話ショップ

ドイツのテレビは，「ドイツ公共放送連盟」（ARD）と「第2ドイツ・テレビ」（ZDF）の二つの公共放送が全国放送を行っているほか，各地域に公共テレビ局が存在しています。ドイツの3大全国新聞は，日刊紙として「フランクフルター・アルゲマイネ・ツァイトゥング」（FAZ），「南ドイツ新聞」(Süddeutsche Zeitung)，週刊紙として「ディー・ツァイト」（Die Zeit）があり，週刊誌は「デア・シュピーゲル」（Der Spiegel)，「フォークス」（Der Focus)，「シュテルン」（Stern）などがあります。しかしインターネット版の普及で，印刷媒体の販売部数が減少しているのは，ドイツも例外ではありません。約70%の人がオンラインでニュースを読んでいます。2017年，インターネット普及率は，ドイツで84.40%，日本で90.87%，携帯電話普及率は，ドイツで129.1%，日本で133.5%となっています。

LEKTION 12　形容詞と副詞の比較変化・zu 不定詞

1 形容詞の比較変化

形容詞の比較級は原級に語尾 -er を，最上級は語尾 -st をつけます。幹母音 a, o, u をもつ 1 音節の形容詞の多くは変音します。

1）規則変化

原級 —	比較級 — **er**	最上級 —**[e]st**
klein　小さい	**kleiner**	**kleinst**
teuer　値段が高い	**teurer***	**teuerst**
jung　若い	**jünger**	**jüngst**
alt　年老いた・古い	**älter**	**ältest****

＊ -er, -el で終わる形容詞は，比較級でその e を省くことがあります。
＊＊ d, t, s, ß, sch, z などで終わる形容詞は，最上級で口調上の e を入れ，語尾が -est となります。

2）不規則変化

原級	比較級	最上級
groß　大きい	**größer**	**größt**
gut　良い	**besser**	**best**
hoch　高い	**höher**	**höchst**
viel　多い	**mehr**	**meist**

64　2 原級による比較の用法：so ＋原級＋ wie…

Er ist **so** *alt* **wie** ich.　彼は私と同じ年齢です。
Er ist **nicht so** *groß* **wie** ich.　彼は私ほど背が高くありません。

65　3 比較級の述語的用法：比較級＋ als…

Er ist *älter* **als** ich.　彼は私より年上です。

66　4 最上級の述語的用法

1）あるものを他の同類のものと比較し，それらのなかで「もっとも…だ」という場合：**der / die / das ＋最上級＋ e**，または **am ＋最上級＋ en** のどちらを用いることもできます。

Der Garten hier ist **der** *schönst***e** in Japan. / Der Garten hier ist **am** *schönst***en** in Japan.　ここの庭は日本でいちばん美しいです。

2）ある同一のものをさまざまな条件下で比較し，ある条件のときに「もっとも…だ」という場合：**am ＋最上級＋ en** を用います。

Der Garten ist im Herbst **am** *schönst***en**.　その庭は秋にはいちばん美しいです。

確認練習 ① 例にならい，比較級，最上級を用いた文をつくってみよう。

例 alt / jung　　Hans / Peter / Hermann

Ist Hans älter als Peter?　ハンスはペーターより年上ですか。

Nein, Hans ist jünger als Peter. Aber Hermann ist am jüngsten.

いいえ，ハンスはペーターより若いです。でもヘルマンがいちばん年下です。

1. billig / teuer　　die Zeitschrift / die Zeitung / das Buch

____

____

2. kurz / lang　　der Rhein ライン河 / die Elbe エルベ河 / die Donau ドナウ河

____

____

3. klein / groß　　Frau Kuhn / Frau Schneider / Frau Maier

____

____

67

5 比較級・最上級の付加語的用法

比較級や最上級は付加語として名詞の前に置くときには，原級と同じ変化語尾をつけます。

比較級　Ich suche einen *besser***en** Reiseführer.

私はもっと良いガイドブックを探しています。

最上級　Berlin ist die *größt***e** Stadt in Deutschland.

ベルリンはドイツでもっとも大きな都市です。

68

6 副詞の比較級・最上級

形容詞はそのままの形で副詞として用いられるため，副詞の比較級・最上級は形容詞と同じ変化をします。ただし，最上級はつねに **am ＋最上級＋ en** を用います。

Uwe isst **viel**. Karl isst **mehr** als Uwe. Helmut isst aber **am meisten** von uns.*　ウーヴェはたくさん食べます。カールはウーヴェよりたくさん食べます。しかしヘルムートが私たちのなかでいちばんたくさん食べます。

＊「…のなかで」は，von ＋ 3 格あるいは unter ＋ 3 格で表します。

純粋な副詞のなかにも不規則に比較変化するものがありますが，gern（好んで）はよく使われます。その比較変化は，gern - **lieber** - **am liebsten** です。

Ich trinke **gern** deutschen Wein. Italienischen Wein trinke ich **lieber**. Ich trinke aber **am liebsten** französischen Wein.
私はドイツのワインが好きです。イタリアのワインのほうがもっと好きです。でもフランスのワインがいちばん好きです。

7 zu 不定詞句

ドイツ語の zu 不定詞は，英語の to 不定詞に相当します。zu +不定詞がふつうですが，分離動詞の場合には，前綴りと基礎動詞のあいだに zu を入れて，1 語で綴ります。

不定詞		zu 不定詞
spielen	→	**zu spielen**（*to play*）
anrufen	→	**anzurufen**（*to call*）

副詞や目的語をともなって zu 不定詞句をつくるとき，zu 不定詞は句の最後に置かれます。

zu 不定詞句　heute Tennis **zu spielen**（*to play tennis today*）
heute Abend meinen Freund **anzurufen**（*to call my friend this evening*）

8 zu 不定詞句の用法

69
1）「…すること」という意味の zu 不定詞句は，a)主語　b)述語　c)目的語として用いられます。es を形式上の主語（述語，目的語）として先行させることもあります。

a）主語として

Deutsch fließend zu sprechen ist sehr schwer.

Es ist sehr schwer, **Deutsch fließend zu sprechen**.
ドイツ語を流暢に話すことは，とても難しいです。

b）述語として

Mein Wunsch ist, **die Prüfung zu bestehen**.
私の望みは，その試験に合格することです。

c）目的語として

Ich habe vor, **am Wochenende einen Ausflug zu machen**.
私は週末にハイキングをすることを予定しています。

70
2）付加語として

zu 不定詞句は，名詞の付加語としても用いられます。

Ich habe leider keine Zeit, **mit dir ins Konzert zu gehen**.
私は残念ながらきみとコンサートに行く時間がありません。

確認練習 ② 例にならい，b）の文を zu 不定詞句にして a）の文に結び，和訳してみよう。

例 a）Ich habe keine Lust, ... b）Ich gehe heute Abend aus.

→ Ich habe keine Lust, heute Abend auszugehen.

私は今晩外出する気はありません。

1. a）Es ist nicht leicht, ... b）Man bekommt das Stipendium.

   → Es ist nicht leicht, ______________________________.

2. a）Warum fängst du nicht an, ...? b）Du lernst Deutsch.

   → Warum fängst du nicht an, ______________________________?

3. a）Ich habe keine Gelegenheit, ... b）Ich nehme am Sprachkurs teil.

   → Ich habe keine Gelegenheit, ______________________________.

＊ bekommen もらう　Stipendium *n.* 奨学金　an|fangen 始める　Gelegenheit *f.* チャンス

71

3）um, ohne, statt と zu 不定詞句を結びつけることができます。

a）um... zu 不定詞「…するために」（*in order to...*）

Er geht zur Bibliothek, **um** Bücher **zurückzugeben.**

彼は本を返すために図書館へ行きます。

b）ohne... zu 不定詞「…することなしに」

Mein Sohn schläft, **ohne** etwas **zu essen**.

私の息子は何も食べずに眠っています。

c）statt... zu 不定詞「…するかわりに」

Ich schreibe ihr eine E-Mail, **statt** sie **anzurufen**.

私は彼女に電話をするかわりに，メールを書きます。

確認練習 ③ b）の文をカッコ内の前置詞を用いた不定詞句にして a）の文に結び，和訳してみよう。

1. a）Sie jobbt jeden Tag im Kaufhaus.

   b）Sie fliegt nach Deutschland.（um）

   → Sie jobbt jeden Tag im Kaufhaus, ______________________________.

2. a）Er kommt oft zu mir.

   b）Er fragt mich nicht.（ohne）

   → Er kommt oft zu mir, ______________________________.

3. a）Ich gehe zu meinem Freund.

   b）Ich mache zu Hause die Hausaufgaben.（statt）

   → Ich gehe zu meinem Freund, ______________________________.

＊ fragen 尋ねる　Hausaufgabe *f.* 宿題

発展練習

1 例にならい，下線部を入れ換えて，ペアで練習してみよう。

例 A: Wohin fahren Sie am Wochenende?

B: Nach Hamburg.

A: Vergessen Sie dann bitte nicht, Ihren Mantel mitzunehmen!

＊mit|nehmen 持っていく

1. Frankfurt / Jacke
2. Bonn / T-Shirt *n.* Tシャツ
3. München / Handschuhe *pl.* 手袋

2 例にならい，下線部を入れ換えて，ペアで練習してみよう。

例 A: Wer ist sportlicher, Thomas oder Philipp?

B: Philipp ist sportlicher als Thomas. Er hat vor, morgen Fußball zu spielen.

＊sportlich スポーツ好きの

1. Herr Schulz / Herr Kern / lustig 愉快な / eine Party geben
2. Julia / Anne / fleißig / eine Prüfung machen
3. Stephanie / Angela / nett / uns helfen

3 ドイツ語にしてみよう。

1. A: 私はドイツ東部地域（Ostdeutschland *n.*）へ行きたいんです。

   B: ドレスデン（Dresden）は美しいですが，ライプツィヒ（Leipzig）のほうがドレスデンよりも大きいです。

2. A: きみはクリスマスに（zu Weihnachten）僕とスキーをする（Ski fahren）時間がありますか。

   B: ええ，私はあなたよりもスキーが上手よ。

1. A: ____________ möchte ____________ ____________ ____________ .

   B: ____________ ____________ ____________ , aber ____________

   ____________ ____________ ____________ ____________.

2. A: ____________ ____________ ____________ ____________ ____________ ,

   mit ____________ ____________ ____________ ____________?

B: ____________, ____________ ____________ ____________ ____________

____________ du.

74

ドイツのいろいろな祝日

das Neujahr 新年（1 月 1 日）

Ostern（成句ではふつう複数扱い）復活祭

der Erste Mai メーデー（5 月 1 日）

das Pfingsten 聖霊降臨祭

der Tag der Deutschen Einheit ドイツ統一記念日（10 月 3 日）

Weihnachten（成句ではふつう複数扱い）クリスマス

der / das Silvester（成句ではふつう無冠詞）大晦日

PAUSE

ドイツ社会の分断

冷戦の象徴だったベルリンの壁が一夜で崩れたのは，1989 年（平成元年）11 月 9 日のことでした。その 1 年後の 1990 年 10 月 3 日，東西ドイツは再統一され，さらに 3 年後の 1993 年 11 月 1 日，欧州連合（EU）が発足し，欧州は国境のない一つの共同体へと前進してきました。しかし，2015 年，シリアなどから約 89 万人の難民がドイツへ流入し，その受け入れをめぐって国論が二分しました。2017 年 9 月の連邦議会総選挙では，難民の受け入れを批判する新興右翼政党「ドイツのための選択肢（AfD）」が初めて国政に進出して第 3 党になりました。連帯から分断へ。ドイツ社会は，再び分断への道を歩むことになるのでしょうか。ベルリンの壁の崩壊を「自由や人権の勝利」・「連帯の創出」として解釈してきた現代史の見直しがいま迫られています。

©dpa/ 時事通信フォト

ベルリンの壁の崩壊

©Jazzmany / Shutterstock.com

ミュンヘン駅に到着したシリア難民

LEKTION 13 関係代名詞・指示代名詞

1 定関係代名詞・指示代名詞の格変化

	男性 *m.*	女性 *f.*	中性 *n.*	複数 *pl.*
1格	**der**	**die**	**das**	**die**
2格	dessen	deren	dessen	deren*
3格	**dem**	**der**	**dem**	denen
4格	**den**	**die**	**das**	**die**

＊ 指示代名詞複数2格には derer という別形があります。

2 定関係代名詞の用法

75

1）関係代名詞は代名詞であると同時に従属接続詞です。関係文は副文となり，定動詞は文末に置かれます。主文と関係文のあいだは必ずコンマで区切ります。関係代名詞の性・数は先行詞と一致し，格は関係文中の役割によります。

1格　Der Mann ist mein Freund. Der Mann steht dort.
　　　m.　　　　　　　　　　　1格
　　　Der Mann, **der** dort *steht*, ist mein Freund.
　　　　　　　m. 1格
あそこに立っている男の人は私の友人です。

2格　Der Mann ist mein Freund. Du siehst jetzt das Bild des Mannes.
　　　m.　　　　　　　　　　　　　　　　　　　　　2格
　　　Der Mann, **dessen** Bild du jetzt *siehst*, ist mein Freund.
　　　　　　　m. 2格
きみがいまその写真を見ている男の人は私の友人です。

3格　Der Mann ist mein Freund. Das Auto gehört dem Mann.
　　　m.　　　　　　　　　　　　　　　　　3格
　　　Der Mann, **dem** das Auto *gehört*, ist mein Freund.
　　　　　　　m. 3格
その車を所有している男の人は私の友人です。

4格　Der Mann ist mein Freund. Du besuchst morgen den Mann.
　　　m.　　　　　　　　　　　　　　　　　　4格
　　　Der Mann, **den** du morgen *besuchst*, ist mein Freund.
　　　　　　　m. 4格
きみが明日訪問する男の人は私の友人です。

76

2）関係代名詞と前置詞が結びつくときには，必ず前置詞＋関係代名詞という順で関係文の先頭に置かれます。

Die Familie ist sehr nett. Ich wohne bei der Familie.
f. 3格

Die Familie, **bei der** ich *wohne*, ist sehr nett.　私が下宿している家族はとても親切です。
f. 3格

確認練習 ① 例にならい，b）の文を関係文にして a）の文に結び，和訳してみよう。

例　a）Das Kind heißt Kai.　b）Das Kind trägt einen roten Hut.

→ Das Kind, das einen roten Hut trägt, heißt Kai.

赤い帽子をかぶった子供はカイという名前です。

1. a）Die Frau ist die Schwester meines Freundes.
   b）Die Frau lehrt uns Englisch.
   → ______________________________

2. a）Der Film war nicht interessant.
   b）Wir haben gestern den Film gesehen.
   → ______________________________

3. a）Sein Sohn wohnt in Berlin.
   b）Er schickt seinem Sohn Geld.
   → ______________________________

4. a）Das Dorf war sehr klein.
   b）Wir verbrachten den Sommer in dem Dorf.
   → ______________________________

＊ lehren 教える　Dorf *n.* 村　verbringen* 過ごす

77

3 指示代名詞の用法

1）指示代名詞 der は人称代名詞の代わりに用いられ，多くは文頭に置かれて強調の意味を持ちます。

Hast du Heinz nicht gesehen? — Doch, **den** habe ich gerade gesehen.

ハインツを見なかったかい。— うん，あいつならたった今見かけたところさ。

2）近接の語を指示するために用いられます。

Er ging mit seinem Freund und **dessen** Frau ins Kino.
彼は友人とその妻と一緒に映画を観に行きました。

（Er ging mit seinem Freund und *seiner* Frau ins Kino.）
彼は友人と自分の妻と一緒に映画を観に行きました。

3）同じ語の反復を避けるために用いられます。

Meine Wohnung ist angenehmer als **die** meines Bruders.
私の住まいは私の弟の住まいよりも快適です。

確認練習 ② カッコ内に適切な指示代名詞を入れ，和訳してみよう。

1. Kennst du den Studenten dort? — Ja,（　　　　）kenne ich sehr gut.
2. Die Jacke hier gefällt mir.（　　　　）nehme ich.
3. Mia ärgert sich über Elena und（　　　　）Mann.
4. Das hier sind Fotos meiner Eltern und das da sind（　　　　）meiner Geschwister.

＊ $sich^4$ über ＋ 4 格 ärgern ～に腹を立てる

発展練習

78 **1** 例にならい，下線部を入れ換えて，ペアで練習してみよう。

例 A: Wie heißt der Professor, mit dem du gerade gesprochen hast?
B: Das ist Professor Schneider.

1. Politikerin / ihr habt gerade mit der Politikerin gesprochen / Frau Müller
2. Arzt / er hat gerade mit dem Arzt gesprochen / Herr Kolb
3. Autorinnen *pl.* 女性作家たち / Sie haben gerade mit den Autorinnen gesprochen / Sabine Bauer und Petra Gerster

79 **2** 例にならい，下線部を入れ換えて，ペアで練習してみよう。

例 A: Welches Kleid findest du gut? Das da?
B: Nein, das hier finde ich besser. Das ist viel schicker.

＊viel（比較級を強めて）ずっと　schick おしゃれな

1. Krawatte *f.* ネクタイ / schön
2. Rock *m.* スカート / modisch 最新流行の
3. Handschuhe *pl.* / warm

3 ドイツ語にしてみよう。

1. A: ここに住んでいる外国人たち（Ausländer *pl.* 定冠詞つき）はトルコ（die Türkei *f.*）の出身です。

   B: ドイツにはたくさんのトルコ人たち（Türken *pl.*）が生活して（leben）います。

2. A: これが，僕たちが今晩食事をするレストランです。

   B: それなら（指示代名詞で文頭に置きます）私も良く知っているわ。

1. A: ＿＿＿＿ ＿＿＿＿, ＿＿＿＿ hier ＿＿＿＿,

   ＿＿＿＿ aus ＿＿＿＿ ＿＿＿＿.

   B: ＿＿＿＿ ＿＿＿＿ ＿＿＿＿ viele ＿＿＿＿.

2. A: Das ist ＿＿＿＿ ＿＿＿＿, in ＿＿＿＿ ＿＿＿＿

   ＿＿＿＿ ＿＿＿＿ ＿＿＿＿.

   B: ＿＿＿＿ ＿＿＿＿ ＿＿＿＿ auch ＿＿＿＿.

PAUSE

移民国家ドイツ

2017年，ドイツの総人口8280万人のうち約1930万人，つまり23.6％が移民の背景をもつ人々でした。いまや移民は，ドイツの経済や文化を担う重要な構成要素となっています。出身国別では，トルコが大差で1位，さらにポーランド，イタリア，ルーマニアなどのEU域内，ロシア、またシリア，アフガニスタン，イラクなどの中近東，アフリカ諸国が挙げられます。サッカー・ドイツ代表だったメスト・エジル（Mesut Özil）選手のようにドイツ国籍を取得するケースも多く，2017年，連邦議会議員の8％がトルコ系です。2015年には，約89万人もの大量難民がドイツに流入しましたが，一般市民の中には，難民・移民を歓迎するメンタリティーと，「難民＝異分子」とみなす反難民・反移民の感情があり，多文化共生はドイツ社会が抱える大きな課題であり続けています。

トルコ系ドイツ人が働くベルリンのケバブ料理屋

LEKTION 14 受動態

1 受動

日本語の「…される」に相当する表現形式を受動といいます。受動は werden を助動詞とし，過去分詞を文末に置きます。

80 2 受動の時称

現　　在：	werden の現在形＋…過去分詞
	Sie **wird** von ihm **geliebt**.　彼女は彼によって愛されます。
過　　去：	werden の過去形＋…過去分詞
	Sie **wurde** von ihm **geliebt**.
現在完了：	sein の現在形*＋…過去分詞＋ worden**
	Sie **ist** von ihm **geliebt worden**.

＊完了の助動詞は sein です。

＊＊受動の助動詞として用いられた werden の過去分詞は，前綴り ge- がつかない worden です。

81 3 受動文のつくり方

1）次のように能動文を受動文に書き換えます。

a）能動文の 4 格目的語を 1 格にして主語にします。

b）能動文の動詞を同じ時称の受動形にします。

c）能動文の主語を von ＋ 3 格にします。

能動文：Der Schriftsteller schreibt den Roman zu Ende.

m.1 格　*m*.4 格

その作家はその長編小説を書き終えます。

受動文：Der Roman **wird** von dem Schriftsteller zu Ende **geschrieben**.

m.1 格　*m*.3 格

2）ふつう，行為者は **von ＋ 3 格**，原因・手段は **durch ＋ 4 格**で表します。

能動文：Die Luftangriffe zerstören die Stadt.　空襲はその街を破壊します。

受動文：Die Stadt wird **durch** die Luftangriffe zerstört.

3）能動文の主語が不定代名詞 man の場合には，行為者が明確でないため，受動文ではこれに対応する von ＋ 3 格は省略されます。

能動文：**Man** trinkt in Deutschland viel Bier.　ドイツではたくさんビールを飲みます。

受動文：Viel Bier wird in Deutschland getrunken.

82 4 自動詞の受動

自動詞（① 4 格以外の目的語をとる動詞，または②目的語をまったくとらない動詞）の受動文は，主語となる 4 格目的語がないので，es を形式上の主語にします。この es は文頭以外では省略されます。

能動文：Man fährt in Japan links.　日本では車は左側通行です。

受動文：**Es wird** in Japan links **gefahren**.

　　　　In Japan **wird** links **gefahren**.

確認練習 ① 次の文を受動文に書き換え，和訳してみよう。

1. Er führt mich durch die Stadt.

→ ______

2. Meine Eltern schenken mir den Hund.

→ ______

3. Die Mauer teilte Berlin.

→ ______

4. Hat der Regisseur den Film gedreht?

→ ______

5. Hier arbeitet man am Sonntag nicht.

→ ______

＊ führen 案内する　teilen 分断する　Regisseur *m.* 映画監督　drehen 撮影する

83 5 状態受動

werden のかわりに sein を用いると，「…されている」という状態受動になります。

動作受動：Das Museum **wird** um 17 Uhr **geschlossen**.　その博物館は 17 時に閉められます。

状態受動：Das Museum **ist** heute **geschlossen**.　その博物館は今日閉められています。

確認練習 ② 例にならい，状態受動で答えの文をつくり，和訳してみよう。

例　Wann öffnet man die Bibliothek?　いつその図書館は開きますか。
　→ Die Bibliothek ist jetzt geöffnet.　その図書館はいま開いています。

1. Wann repariert man mein Auto?

→ ______

2. Wann schließt man das Restaurant?

→ ____________________

3. Wann putzt man die Fenster (*pl.*)?

→ ____________________

* reparieren 修理する　putzen 磨く　Fenster *n.* 窓

発展練習

84 **1** 例にならい，下線部を入れ換えて，ペアで練習してみよう。

例 A: Spricht man in der Schweiz Deutsch?

B: Ja, in der Schweiz wird Deutsch gesprochen. Dort wird aber auch Französisch gesprochen.

1. Japan / Fisch (*m.* 魚) essen* / Fleisch *n.* 肉
2. Deutschland / Weißwein trinken* / Rotwein
3. die USA / Baseball (*m.* 野球) spielen / Basketball *m.* バスケットボール

85 **2** 例にならい，下線部を入れ換えて，ペアで練習してみよう。

例 A: Ich habe gehört, dass Sie bald nach München umziehen.

B: Ja. Ich werde nach München versetzt.

*bald まもなく　um|ziehen 引っ越す　versetzen 転勤させる

1. Herr Schmidt / London
2. du / Paris
3. Frau Scholz / Rom

3 ドイツ語にしてみよう。

1. A: 私は昨日，旧市街（Altstadt *f.* 定冠詞つき）を散策しました（bummeln）。

   B: 旧市街はまもなく再開発（sanieren）されます。

2. A: 1969年にブラント（Brandt）が連邦首相（Bundeskanzler *m.* 定冠詞つき。前置詞との融合形を使います）に（zum）選出（wählen）されました。

   B: ブラントは，有名な（bekannt）ドイツの政治家（Politiker *m.* 不定冠詞つき）でした。

1. A: ____________ bin ____________ durch ____________ ____________
____________.

B: ____________ ____________ ____________ bald ____________.

2. A: 1969 ____________ ____________ ____________ ____________
____________.

B: ____________ war ____________ ____________ ____________
____________.

ドイツ連邦共和国の歴代首相

1. Konrad Adenauer (CDU) 1949-1963

2. Ludwig Erhard (CDU) 1963-1966

3. Kurt Georg Kiesinger (CDU) 1966-1969

4. Willy Brandt (SPD) 1969-1974

5. Helmut Schmidt (SPD) 1974-1982

6. Helmut Kohl (CDU) 1982-1998

7. Gerhard Schröder (SPD) 1998-2005

8. Angela Merkel (CDU) 2005-

PAUSE

過去の克服

戦後ドイツは，さまざまな局面で，一貫して「過去の克服」（Vergangenheitsbewältigung）に取り組んできました。その結果，現在，ナチスの戦争責任を受け止める姿勢はドイツ社会に広く定着しています。これを象徴するのが，第4代ブラント首相と第6代ヴァイツゼッカー大統領の姿勢です。1970年12月，ブラント首相は，ポーランドと国交正常化基本条約を締結した際，ワルシャワのゲットー跡地に立つユダヤ人犠牲者追悼碑の前で跪き，深い謝罪の意を表しました。また，1985年5月，ヴァイツゼッカー大統領は，第二次世界大戦終結40周年式典の演説で，「過去に目を閉じる者は，現在にも盲目となる」と国民に呼びかけました。道義的責任感から史実を認めて隣国と友好関係を構築してきたドイツと，歴史認識をめぐって周辺諸国と対立を繰り返す日本の違いは，しばしば比較されてきました。

リヒャルト・フォン・ヴァイツゼッカー大統領

ワルシャワのユダヤ人犠牲者追悼碑の前に跪くブラント首相

ベルリン中心部にある「虐殺されたヨーロッパのユダヤ人のための記念碑」と記念碑の情報センターの案内板

LEKTION 15 接続法

1 接続法の種類と働き

1）接続法には第 1 式と第 2 式の 2 つがあります。

2）接続法第 1 式の働きには「要求話法」と「間接話法」があります。接続法第 2 式の働きには主に「非現実話法」と「外交的接続法」（婉曲話法）があります。

2 接続法の人称変化

1）接続法第 1 式

第 1 式基本形は，不定詞の語幹に -e をつけます。人称変化語尾は，直接法過去と同じです。

		規則動詞	不規則動詞				
不定詞		lernen	kommen	haben	werden	können	sein
接続法第 1 式基本形		lerne	komme	habe	werde	könne	sei*
ich	—	lerne	komme	habe	werde	könne	sei
du	—**st**	lerne**st**	komme**st**	habe**st**	werde**st**	könne**st**	sei[**e**]**st**
er	—	lerne	komme	habe	werde	könne	sei
wir	—**n**	lerne**n**	komme**n**	habe**n**	werde**n**	könne**n**	sei**en**
ihr	—**t**	lerne**t**	komme**t**	habe**t**	werde**t**	könne**t**	sei**et**
sie/Sie	—**n**	lerne**n**	komme**n**	habe**n**	werde**n**	könne**n**	sei**en**

＊ sein（…である）は例外。基本形は語幹だけの sei です。

確認練習 ① 次の動詞の接続法第 1 式を人称変化させてみよう。

1. gehen*

ich ＿＿＿＿＿＿ wir ＿＿＿＿＿＿

du ＿＿＿＿＿＿ ihr ＿＿＿＿＿＿

er ＿＿＿＿＿＿ sie/Sie ＿＿＿＿＿＿

2. wissen*

ich ＿＿＿＿＿＿ wir ＿＿＿＿＿＿

du ＿＿＿＿＿＿ ihr ＿＿＿＿＿＿

er ＿＿＿＿＿＿ sie/Sie ＿＿＿＿＿＿

2）接続法第２式

第２式基本形は，過去基本形に語尾 -e をつけます。その際不規則変化動詞（強変化動詞・混合変化動詞）の幹母音 a, o, u はウムラウトします。人称変化語尾は，直接法過去と同じです。

		規則動詞		不規則動詞			
不定詞		lernen	machen	kommen	haben	werden	sein
過去基本形		lernte	machte	kam	hatte	wurde	war
接続法第２式基本形		lernte*	machte*	käme	hätte	würde	wäre
ich	—	lernte	machte	käme	hätte	würde	wäre
du	—**st**	lernte**st**	machte**st**	käme**st**	hätte**st**	würde**st**	wäre**st**
er	—	lernte	machte	käme	hätte	würde	wäre
wir	—**n**	lernte**n**	machte**n**	käme**n**	hätte**n**	würde**n**	wäre**n**
ihr	—**t**	lernte**t**	machte**t**	käme**t**	hätte**t**	würde**t**	wäre**t**
sie/Sie	—**n**	lernte**n**	machte**n**	käme**n**	hätte**n**	würde**n**	wäre**n**

＊ 規則動詞の場合，基本形は過去基本形と同じです。したがって接続法第２式の人称変化は直説法過去のそれと全く同じになります。

確認練習② 次の動詞の接続法第２式を人称変化させてみよう。

1. gehen*

ich ＿＿＿＿＿＿　wir ＿＿＿＿＿＿

du ＿＿＿＿＿＿　ihr ＿＿＿＿＿＿

er ＿＿＿＿＿＿　sie/Sie ＿＿＿＿＿＿

2. wissen*

ich ＿＿＿＿＿＿　wir ＿＿＿＿＿＿

du ＿＿＿＿＿＿　ihr ＿＿＿＿＿＿

er ＿＿＿＿＿＿　sie/Sie ＿＿＿＿＿＿

3 接続法第１式の用法

86

1）要求話法

「〜せよ」，「〜であれ」の意味で用います。

Gott **helfe** uns!　神が私たちをお助け下さいますように。

Man **nehme** pro Tag drei Tabletten.　１日３錠服用のこと。

87

2）間接話法

a）直接話法と間接話法の時称

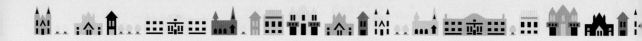

	直接話法	間接話法
	Er sagt / sagte：彼は言います / 言いました。	Er sagt / sagte,
現　在	„Ich komme mit dem Auto.“ 「僕は車で来る。」	→ *er* **komme** mit dem Auto.
過　去	„Ich kam mit dem Auto.“ 「僕は車で来た。」	→ *er* **sei** mit dem Auto **gekommen**.
現在完了	„Ich bin mit dem Auto gekommen.“ 「僕は車で来た。」	（同上）

b）直接話法から間接話法への書き換え

①叙述文

Er sagt / sagte：„Ich fahre heute mit dir zu meinen Eltern.“
彼は「僕は今日きみと一緒に僕の両親の所へ行く」と言います / 言いました。

→ Er sagt / sagte, *er* **fahre** heute mit *mir* zu *seinen* Eltern.
dass *er* heute mit *mir* zu *seinen* Eltern **fahre**.

▶ 英語と異なり，時や場所を表す副詞はそのままにしておきます。

②疑問文

Er fragt / fragte sie：„Kommst du mit?“
彼は「きみも一緒に来るかい」と彼女に尋ねます / 尋ねました。

→ Er fragt / fragte sie, **ob** *sie* **mitkomme**.

Er fragt / fragte sie：„Wann kommst du zu mir?“
彼は「きみはいつ僕の所に来るの」と彼女に尋ねます / 尋ねました。

→ Er fragt / fragte sie, **wann** *sie* zu *ihm* **komme**.

c）接続法第２式を用いる場合

第１式が直説法と同形になる場合は，第２式を用います。

Er sagt / sagte：„Wir haben heute Abend Besuch.“
彼は「僕たちは今晩来客がある」と言います / 言いました。

→ Er sagt / sagte, sie hätten* heute Abend Besuch.

＊第１式では sie haben となり，直接法と同じ形になってしまいます。

確認練習 ③ 次の文を間接話法に書き換えて和訳してみよう。

1. Michael sagt zu Petra：„Ich koche heute für dich.“
   → Michael sagt Petra, ______________________________.
2. Susanne sagt：„Ich hatte gestern Fieber.“
   → Susanne sagt, ______________________________.

3. Herr Springer sagt : „Letzte Woche bin ich von meiner Reise zurückgekommen.“
   → Herr Springer sagt, ______________________________.

4. Frau Beck fragt ihren Mann : „Wie lange bleibst du in Paris?“
   → Frau Beck fragt ihren Mann, ______________________________.

   ＊ wie lange ～？ どのくらい長く～？

4 接続法第 2 式の用法

88

1）非現実話法

a）現在の事実に対する仮定（接続法第 2 式・現在）「もしも～ならば，～だろう」

前提部（副文）	結論部（主文）
Wenn ich Zeit **hätte**,	**ginge** ich mit dir ins Kino.
Hätte ich Zeit,＊	
Wenn ich Zeit haben **würde**,	**würde** ich mit dir ins Kino gehen.＊＊

もし僕に暇があるなら，きみと映画を観に行くのに。

＊前提部で wenn を省略することができます。その場合は副文の定動詞を文頭に置きます。

＊＊助動詞 würde（werden の接続法第 2 式）＋不定詞の形は現在多用される傾向にあります。

確認練習 ④ 例にならい，現在の事実に対する仮定の文に書き換えて和訳してみよう。

例 Ich bin nicht gesund. Deshalb komme ich nicht zum Sport.

私は健康ではありません。だからスポーツをしません。

→ Wenn ich gesund wäre, käme ich zum Sport.

Wäre ich gesund, würde ich zum Sport kommen.

もし私が健康なら，スポーツをするのに。

1. Wir haben kein Geld. Deshalb fliegen wir nicht nach England.
   → Wenn wir Geld __________ , __________ wir nach England.
   __________ wir Geld, __________ wir nach England __________ .

2. Er ist nicht jung. Deshalb macht er nicht die Prüfung.
   → Wenn er jung __________ , __________ er die Prüfung.
   __________ er jung, __________ er die Prüfung __________ .

3. Ich habe kein Auto. Deshalb fahre ich nicht auf der Autobahn.
   → Wenn ich ein Auto __________ , __________ ich auf der Autobahn.
   __________ ich ein Auto, __________ ich auf der Autobahn
   __________ .

   ＊ Autobahn *f.* アウトバーン

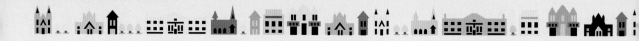

b）過去の事実に対する仮定（接続法第２式・過去）「もしも〜だったら，〜だっただろう」

前提部（副文）　　結論部（主文）

Wenn ich Zeit **gehabt hätte**,
Hätte ich Zeit **gehabt**,
} **wäre** ich mit dir ins Kino **gegangen**.

もし僕に暇があったなら，きみと映画を観に行ったのに。

確認練習 ⑤ 確認練習４でつくった文を，過去の事実に対する仮定の文に書き換えて和訳してみよう。

1. Wenn wir Geld ＿＿＿＿ ＿＿＿＿, ＿＿＿＿ wir nach England ＿＿＿＿.

2. Wenn er jung ＿＿＿＿ ＿＿＿＿, ＿＿＿＿ er die Prüfung ＿＿＿＿.

3. Wenn ich ein Auto ＿＿＿＿ ＿＿＿＿, ＿＿＿＿ ich auf der Autobahn ＿＿＿＿.

2）外交的接続法（婉曲話法）

a）控えめな主張

Es **wäre** besser, ihn einmal anzurufen.　彼に一度電話したほうがいいでしょう。

Ich **hätte** gerne einen Kaffee.　私はコーヒーを一杯欲しいんですが。

b）丁寧な依頼

Könnten Sie mir bitte sagen, wie ich zur Post komme?

郵便局にどうすれば行けるか教えていただけますか。

発展練習

1 例にならい，下線部を入れ換えて，ペアで練習してみよう。

例 A: Was würdest du machen, wenn du mehr Zeit hättest?

B: Ich würde noch länger Bücher lesen.

＊noch（比較級とともに）もっと〜

1. Sie あなた / noch länger im Café jobben
2. ihr / noch länger zu Hause schlafen
3. er / noch länger in der Bibliothek arbeiten

92

2 例にならい，下線部を入れ換えて，ペアで練習してみよう。

例 A: Guten Tag! Ich hätte gerne 5 Gurken und 6 Tomaten.

B: Sonst noch etwas?

A: Danke. Das wäre alles.

*Gurke *f.* キュウリ　Tomate *f.* トマト　sonst その他に　alles 全部

1. 2 Brötchen *pl.* ブレートヒェン / 4 Brezeln *pl.* ブレーツェル
2. 7 Bratwürste *pl.* 焼きソーセージ / 8 Eier *pl.* 卵
3. 10 Äpfel / 12 Orangen *pl.* オレンジ

3 ドイツ語にしてみよう。

1. A: その新聞（Zeitung *f.* 定冠詞つき）には何が載っている（stehen）の？

   B: ドイツの外務大臣（Außenminister *m.* 定冠詞つき）が２月に中国を訪問するそうよ（接続法第１式の間接話法で表現します）。

2. A: もし私に時間があれば，日本へ旅行するのに。私は日本（japanisch）食（Küche *f.* 無冠詞で）が好きなのです。

   B: ドイツではいま寿司（Sushi *n.* 無冠詞で）が人気（beliebt）ですね。

1. A: ________ ________ in ________ ________ ?

   B: ________ ________ ________ ________ im

   ________ ________ .

2. A: ________ ________ ________ ________ , ________

   ________ ________ ________ reisen. ________ mag

   ________ ________ .

   B: ________ ________ ________ ________ jetzt

   ________ .

PAUSE

ドイツの国家機構

議会制民主主義と三権分立，それに連邦制がドイツの国家制度の基礎を成しています。国家元首である連邦大統領（Bundespräsident）のもとに連邦議会（Bundestag）<ドイツの国会>と連邦参議院（Bundesrat）<16 州の代表によって構成>，そして連邦首相（Bundekanzler）のもとで行政を担当する連邦政府（Bundesregierung），さらに司法を司る連邦憲法裁判所（Bundes-verfassungsgericht）が置かれています。また各州には，州政府と州議会があります。連邦議会の議員は，「小選挙区比例代表併用制」の二票制によって 4 年ごとに国民によって選出されます。連邦大統領は，連邦集会（Bundesversammlung）によって選ばれ，任期は 5 年です。連邦集会は，連邦議会議員と州議会で選出される同数のメンバーを召集して開かれます。代表的な政党には，中道右派の CDU（キリスト教民主同盟）とその姉妹党であるバイエルンの CSU（キリスト教社会同盟），中道左派の SPD（ドイツ社会民主党），右派の AfD（ドイツのための選択肢），中道の FDP（自由民主党），旧東ドイツの SED（ドイツ社会主義統一党）の流れを汲む Die Linke（左派党），そして Bündnis 90 / Die Grünen（同盟 90・緑の党）などがあります。

ベルリンの連邦議会

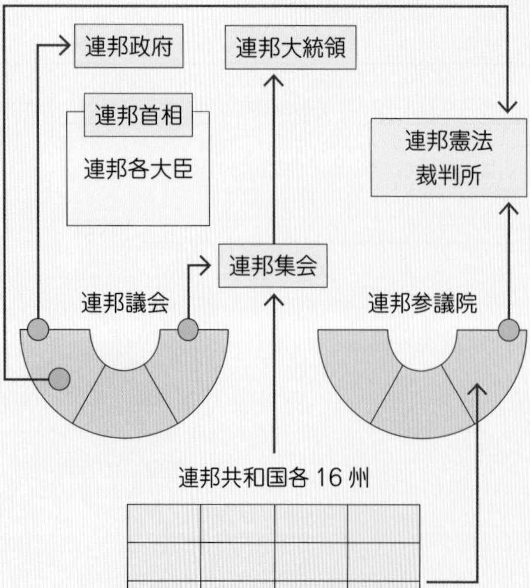

連邦議会の議会場

巻末付録

- 文法の補足
- 主な不規則動詞の変化表

文法の補足

Lektion 6

前置詞と人称代名詞・疑問代名詞の融合形

1）前置詞と人称代名詞の融合形

前置詞とともに用いられた人称代名詞が「物」を指している場合は，da ＋前置詞（前置詞が母音で始まるときは，dar ＋前置詞）の融合形となります。

Fährst du mit deinem Freund nach Hokkaido? きみはボーイフレンドと一緒に北海道へ行くの。
— Ja, ich fahre **mit ihm** nach Hokkaido. ええ，私は彼と一緒に北海道へ行くのよ。

Fährst du mit diesem Koffer nach Hokkaido? きみはこのトランクをもって北海道へ行くの。
— Ja, ich fahre **damit** nach Hokkaido. ええ，私はそれをもって北海道へ行くのよ。

2）前置詞と疑問代名詞の融合形

前置詞とともに疑問代名詞 was が用いられる場合は，wo ＋前置詞（前置詞が母音で始まるときは，wor ＋前置詞）の融合形となります。

Mit wem fährst du nach Hokkaido? きみは誰と一緒に北海道へ行くの。
— Ich fahre mit meinem Freund nach Hokkaido. 私はボーイフレンドと一緒に北海道へ 行くのよ。

Womit fährst du nach Hokkaido? きみは何をもって北海道へ行くの。
— Ich fahre mit diesem Koffer nach Hokkaido. 私はこのトランクをもって北海道へ行くのよ。

Lektion 7

話法の助動詞に準ずる動詞

1）使役の助動詞 lassen は 4 格目的語と動詞の不定詞とともに用いられます。

Ich **lasse** *ihn* sofort *kommen*. 彼をすぐに来させます。

2）知覚動詞

sehen（見る），hören（聞く），fühlen（感じる）などの知覚動詞は 4 格目的語と動詞の不定詞とともに用いられ，「…が…するのを見る（聞く，感じる）」の意味を表します。

Ich **höre** *einen Hund* laut *bellen*. 犬がやかましく吠えているのが聞こえます。

Lektion 9

話法の助動詞の三基本形

不定詞	過去基本形	過去分詞
dürfen	durfte	dürfen （gedurft）
können	konnte	können （gekonnt）
müssen	musste	müssen （gemusst）
sollen	sollte	sollen （gesollt）
wollen	wollte	wollen （gewollt）
mögen	mochte	mögen （gemocht）

話法の助動詞の過去形

過去形は，主語に応じた過去人称変化語尾を過去基本形につけてつくります。

Wir müssen früh aufstehen. 私たちは早く起きなければなりません。
⇒ Wir musste**n** früh aufstehen. 私たちは早く起きなければなりませんでした。

Lektion 10

話法の助動詞の現在完了形

話法の助動詞の過去分詞は不定詞と同形になります。また，話法の助動詞はすべて haben を完了の助動詞とします。

Ich **habe** gestern schon früh nach Hause gehen **müssen**.
私は昨日早く帰宅しなくてはなりませんでした。

▶話法の助動詞が単独で用いられたときの過去分詞は ge — t です。

Ich **habe** gestern schon früh nach Hause **gemusst**.
私は昨日早く帰宅しなくてはなりませんでした。

話法の助動詞に準ずる助動詞・動詞の現在完了形

使役の助動詞 lassen や知覚動詞 sehen, hören, fühlen なども（96 ページを参照してください），他の動詞の不定詞とともに用いるときには，ふつう完了時称で不定詞と同形の過去分詞をとります。

Ich **habe** ihn sofort kommen **lassen**. 私は彼をすぐに来させました。
Ich **habe** einen Hund laut bellen **hören**. 犬がやかましく吠えているのが聞こえました。

過去完了形の用法と人称変化

過去完了は，過去のある時点から見てすでに完了している事柄を表すのに用います。
過去完了形は，完了の助動詞 haben と sein を過去人称変化させます。

不定詞 lernen 学ぶ	不定詞 gehen 行く
ich **hatte** .....**gelernt**	ich **war** .....**gegangen**
du **hattest** .....**gelernt**	du **warst** .....**gegangen**
er **hatte** .....**gelernt**	er **war** .....**gegangen**
wir **hatten** .....**gelernt**	wir **waren** .....**gegangen**
ihr **hattet** .....**gelernt**	ihr **wart** .....**gegangen**
sie **hatten** .....**gelernt**	sie **waren** .....**gegangen**
Sie **hatten** .....**gelernt**	Sie **waren** .....**gegangen**

Ich **hatte** schon eine Stunde auf sie **gewartet**, als sie kam.
彼女が来たとき，私はすでに 1 時間も彼女を待っていました。

Ich **war** schon nach Hause **gegangen**, als sie kam.
彼女が来たとき，私はすでに帰宅してしまっていました。

Lektion 11

形容詞の名詞化

形容詞は単独で，付加語的用法と同じ語尾変化をして，語頭を大文字で書き，名詞として用いることができます。男性・女性・複数は，形容詞の性質をもった〈人〉を表し，中性は，その形容詞の性質をもった〈物〉・〈事〉を表します。

	男性 *m.* その老人（男）	女性 *f.* その老人（女）	複数 *pl.* その老人たち	中性 *n.* その古い物・事
1 格	der Alte	die Alte	die Alten	das Alte
2 格	des Alten	der Alten	der Alten	des Alten
3 格	dem Alten	der Alten	den Alten	dem Alten
4 格	den Alten	die Alte	die Alten	das Alte

	男性 *m.* ひとりの老人(男)	女性 *f.* ひとりの老人(女)	複数 *pl.* 老人たち	中性 *n.* ひとつの古い物・事*
1 格	ein Alter	eine Alte	Alte	ein Altes
2 格	eines Alten	einer Alten	Alter	eines Alten
3 格	einem Alten	einer Alten	Alten	einem Alten
4 格	einen Alten	eine Alte	Alte	ein Altes

＊中性では不定冠詞はあまり用いられず，etwas「何かあるもの」(*something*)，nichts「何も…ない」(*nothing*) などと共に多く使われます。

	something old	*nothing old*
1 格	etwas Altes	nichts Altes
2 格	——	——
3 格	etwas Altem	nichts Altem
4 格	etwas Altes	nichts Altes

Lektion 13

関係副詞

先行詞が場所・時などを表す語の場合，wo などが関係副詞として用いられます。

Die Stadt, **wo**（＝in der）er *wohnt*, liegt am Rhein.

彼が住んでいる街はライン河のほとりにあります。

Ich vergesse nie den Tag, **wo**（＝an dem）wir uns zuerst gesehen *haben*.

私たちが初めて出会った日を私は決して忘れません。

不定関係代名詞 was と wer の格変化と用法

特定の先行詞をもたない関係代名詞を不定関係代名詞といい，wer と was があります。

	～する人	～する物（事）
1 格	wer	was
2 格	wessen	—
3 格	wem	—
4 格	wen	was

1）不定関係代名詞 wer は「…する人は誰でも」という意味で，特定の先行詞をとりません。wer に導かれる関係文が主文の前に来るときは，後続の主文の文頭に男性の指示代名詞を

置きます。ただし，wer — der の対応の場合は，指示代名詞を省略することができます。

Wer nicht arbeiten *will*, [der] soll nicht essen.　働かざる者食うべからず。
Wen man *liebt*, dem glaubt man gern.　愛する者の言うことを人は信じたがります。

2）不定関係代名詞 was

a）特定の先行詞をとらない場合「…する物（事）は何でも」という意味になります。was に導かれる関係文が主文の前に来るときは，後続の主文の文頭に中性の指示代名詞を置きます。ただし，was — das の対応の場合は，指示代名詞を省略することができます。

Was er *sagt*, [das] ist nicht immer richtig.
彼の言うことがいつも正しいわけではありません。

b）das, etwas, alles, nichts, vieles および形容詞の最上級の中性名詞化，たとえば das Beste などを先行詞としてとる場合があります。

Das ist *alles*, **was** ich dir geben *kann*.　これが僕が君に与えることのできるすべてです。

c）was が前文の内容を受けることがあります。

Peter kommt immer zu spät, **was** seiner Freundin nicht *gefällt*.
ペーターはいつも遅刻するが，そのことが彼のガールフレンドの気に入りません。

Lektion 14

現在分詞の用法

現在分詞は**不定詞＋ d** で表します。

schlafen 眠る　→　schlafen**d**
lächeln　ほほえむ　→　lächeln**d**

1）付加語的用法

Wie heißt das **schlafend***e* Kind?　その眠っている子供は何という名前ですか。

2）副詞的用法

Das Kind geht **singend** nach Hause.　その子供は歌いながら家へ帰ります。

3）述語的用法：「…している」という現在分詞本来の意味を失って，「…する性質の」という完全に形容詞化したものに限られます。

Das Mädchen ist **reizend**.　その少女は魅力的です。

過去分詞の用法

1）付加語的用法：他動詞の過去分詞は「…された」という受動の意味を表し，自動詞の過去分詞は「…した」という完了の意味を表します。

Man renoviert jetzt die **zerstört***e* Kirche. その破壊された教会はいま修復中です。
Nach dem **gescheitert***en* Putsch ist er ins Ausland geflohen.
その挫折したクーデター後，彼は国外へ逃亡しました。

2）副詞的用法

Mein Sohn kam **aufgeregt** nach Hause. 私の息子は興奮して帰宅しました。

3）述語的用法：現在分詞と同様に，完全に形容詞化したものに限られます。

Der Professor ist **geschickt** im Reden. その教授は話し上手です。

Lektion 15

接続法第２式のさまざまな用法

1）前提部の独立用法

Wenn ich doch mehr Geld **hätte**!（**Hätte** ich doch mehr Geld!）
もっとたくさんお金があればなあ。
Wenn ich die Prüfung nur **bestanden hätte**!（**Hätte** ich die Prüfung nur **bestanden**!）
その試験に合格さえしていたらなあ。

2）結論部の独立用法

a）Bei schönem Wetter **hätten** wir einen Ausflug **gemacht**.
天気が良かったなら，私たちはハイキングをしたのに。

b）接続法第２式・過去に副詞 fast, beinahe などを添えて，「あやうく～するところだった」，「もう少しのところで～するところだった」

Sie **hätte beinahe** den Zug **verpasst**. 彼女はあやうく列車に乗り遅れるところでした。

3）als ob…, als wenn… の副文「まるで～のように」（*as if*…）

Er sieht aus, **als ob** er krank **wäre**.
Er sieht aus, **als wenn** er krank **wäre**. 彼はまるで病気のように見えます。
Er sieht aus, **als ob** er krank **gewesen wäre**. 彼はまるで病気だったように見えます。

主な不規則動詞の変化表

不　定　詞	直説法現在	直説法過去	接続法第２式	過 去 分 詞
befehlen 命じる	*du* befiehlst *er* befiehlt	**befahl**	beföhle (befähle)	**befohlen**
beginnen 始める		**begann**	begönne (begänne)	**begonnen**
beißen かむ	*du* beißt *er* beißt	**biss**	bisse	**gebissen**
bergen 救出する	*du* birgst *er* birgt	**barg**	bärge	**geborgen**
bieten 提供する		**bot**	böte	**geboten**
binden 結ぶ		**band**	bände	**gebunden**
bitten 頼む		**bat**	bäte	**gebeten**
blasen 吹く	*du* bläst *er* bläst	**blies**	bliese	**geblasen**
bleiben *s.* とどまる		**blieb**	bliebe	**geblieben**
braten (肉を)焼く	*du* brätst *er* brät	**briet**	briete	**gebraten**
brechen 折る	*du* brichst *er* bricht	**brach**	bräche	**gebrochen**
brennen 燃やす；燃える		**brannte**	brennte	**gebrannt**
bringen 持ってくる		**brachte**	brächte	**gebracht**
denken 考える		**dachte**	dächte	**gedacht**
dringen *s.* 突き進む		**drang**	dränge	**gedrungen**
dürfen …してもよい	*ich* darf *du* darfst *er* darf	**durfte**	dürfte	**gedurft**
empfehlen 勧める	*du* empfiehlst *er* empfiehlt	**empfahl**	empföhle (empfähle)	**empfohlen**
erschrecken *s.* 驚く	*du* erschrickst *er* erschrickt	**erschrak**	erschräke	**erschrocken**
essen 食べる	*du* isst *er* isst	**aß**	äße	**gegessen**
fahren *s.* (乗物で)行く	*du* fährst *er* fährt	**fuhr**	führe	**gefahren**
fallen *s.* 落ちる	*du* fällst *er* fällt	**fiel**	fiele	**gefallen**

不　定　詞	直説法現在	直説法過去	接続法第２式	過 去 分 詞
fangen 捕える	*du* fängst *er* fängt	**fing**	finge	**gefangen**
finden 見つける		**fand**	fände	**gefunden**
fliegen *s.* 飛ぶ		**flog**	flöge	**geflogen**
fliehen *s.* 逃げる		**floh**	flöhe	**geflohen**
fließen *s.* 流れる	*er* fließt	**floss**	flösse	**geflossen**
fressen (動物が)食う	*du* frisst *er* frisst	**fraß**	fräße	**gefressen**
frieren 凍える		**fror**	fröre	**gefroren**
gebären 産む		**gebar**	gebäre	**geboren**
geben 与える	*du* gibst *er* gibt	**gab**	gäbe	**gegeben**
gehen *s.* 行く		**ging**	ginge	**gegangen**
gelingen *s.* 成功する		**gelang**	gelänge	**gelungen**
gelten 通用する	*du* giltst *er* gilt	**galt**	gölte (gälte)	**gegolten**
genießen 楽しむ		**genoss**	genösse	**genossen**
geschehen *s.* 起こる	*es* geschieht	**geschah**	geschähe	**geschehen**
gewinnen 獲得する		**gewann**	gewönne (gewänne)	**gewonnen**
gießen 注ぐ	*du* gießt *er* gießt	**goss**	gösse	**gegossen**
gleiten *s.* すべる		**glitt**	glitte	**geglitten**
graben 掘る	*du* gräbst *er* gräbt	**grub**	grübe	**gegraben**
greifen つかむ		**griff**	griffe	**gegriffen**
haben 持っている	*du* hast *er* hat	**hatte**	hätte	**gehabt**
halten 保つ	*du* hältst *er* hält	**hielt**	hielte	**gehalten**
hängen 掛かっている		**hing**	hinge	**gehangen**
heben 持ち上げる		**hob**	höbe	**gehoben**

不 定 詞	直説法現在	直説法過去	接続法第2式	過 去 分 詞
heißen …という名である	*du* heißt *er* heißt	**hieß**	hieße	**geheißen**
helfen 助ける	*du* hilfst *er* hilft	**half**	hülfe (hälfe)	**geholfen**
kennen 知っている		**kannte**	kennte	**gekannt**
klingen 鳴る		**klang**	klänge	**geklungen**
kommen *s.* 来る		**kam**	käme	**gekommen**
können …できる	*ich* kann *du* kannst *er* kann	**konnte**	könnte	**gekonnt**
kriechen *s.* はう		**kroch**	kröche	**gekrochen**
laden 積み込む	*du* lädst *er* lädt	**lud**	lüde	**geladen**
lassen …させる	*du* lässt *er* lässt	**ließ**	ließe	**gelassen**
laufen *s.* 走る	*du* läufst *er* läuft	**lief**	liefe	**gelaufen**
leiden 苦しむ		**litt**	litte	**gelitten**
leihen 貸す		**lieh**	liehe	**geliehen**
lesen 読む	*du* liest *er* liest	**las**	läse	**gelesen**
liegen 横たわっている		**lag**	läge	**gelegen**
lügen うそをつく		**log**	löge	**gelogen**
meiden 避ける		**mied**	miede	**gemieden**
messen 測る	*du* misst *er* misst	**maß**	mäße	**gemessen**
mögen …だろう，好きだ	*ich* mag *du* magst *er* mag	**mochte**	möchte	**gemocht**
müssen …しなければならない	*ich* muss *du* musst *er* muss	**musste**	müsste	**gemusst**
nehmen 取る	*du* nimmst *er* nimmt	**nahm**	nähme	**genommen**
nennen 名づける		**nannte**	nennte	**genannt**

不 定 詞	直説法現在	直説法過去	接続法第２式	過 去 分 詞
preisen ほめる	*du* preist *er* preist	**pries**	priese	**gepriesen**
raten 忠告する	*du* rätst *er* rät	**riet**	riete	**geraten**
reißen 裂く	*du* reißt *er* reißt	**riss**	risse	**gerissen**
reiten *s.* 馬で行く		**ritt**	ritte	**geritten**
rennen *s.* 駆ける		**rannte**	rennte	**gerannt**
riechen におう		**roch**	röche	**gerochen**
rufen 呼ぶ		**rief**	riefe	**gerufen**
schaffen 創造する		**schuf**	schüfe	**geschaffen**
scheiden 分ける		**schied**	schiede	**geschieden**
scheinen 輝く		**schien**	schiene	**geschienen**
schelten しかる	*du* schiltst *er* schilt	**schalt**	schölte (schälte)	**gescholten**
schieben 押す		**schob**	schöbe	**geschoben**
schießen 撃つ	*du* schießt *er* schießt	**schoss**	schösse	**geschossen**
schlafen 眠る	*du* schläfst *er* schläft	**schlief**	schliefe	**geschlafen**
schlagen 打つ	*du* schlägst *er* schlägt	**schlug**	schlüge	**geschlagen**
schleichen *s.* 忍び歩く		**schlich**	schliche	**geschlichen**
schließen 閉める	*du* schließt *er* schließt	**schloss**	schlösse	**geschlossen**
schmelzen *s.* 溶ける	*du* schmilzt *er* schmilzt	**schmolz**	schmölze	**geschmolzen**
schneiden 切る		**schnitt**	schnitte	**geschnitten**
schreiben 書く		**schrieb**	schriebe	**geschrieben**
schreien 叫ぶ		**schrie**	schriee	**geschrien**
schreiten *s.* 歩く		**schritt**	schritte	**geschritten**
schweigen 黙っている		**schwieg**	schwiege	**geschwiegen**

不 定 詞	直説法現在	直説法過去	接続法第2式	過 去 分 詞
schwimmen *s.* 泳ぐ		**schwamm**	schwömme (schwämme)	**geschwommen**
schwinden *s.* 消える		**schwand**	schwände	**geschwunden**
schwören 誓う		**schwor**	schwüre	**geschworen**
sehen 見る	*du* siehst *er* sieht	**sah**	sähe	**gesehen**
sein *s.* (…で)ある	*ich* bin *du* bist *er* ist	**war**	wäre	**gewesen**
senden 送る	*du* sendest *er* sendet	**sandte** **(sendete)**	sendete	**gesandt** **(gesendet)**
singen 歌う		**sang**	sänge	**gesungen**
sinken *s.* 沈む		**sank**	sänke	**gesunken**
sitzen すわっている	*du* sitzt *er* sitzt	**saß**	säße	**gesessen**
sollen …すべきである	*ich* soll *du* sollst *er* soll	**sollte**	sollte	**gesollt**
sprechen 話す	*du* sprichst *er* spricht	**sprach**	spräche	**gesprochen**
springen *s.* 跳ぶ		**sprang**	spränge	**gesprungen**
stechen 刺す	*du* stichst *er* sticht	**stach**	stäche	**gestochen**
stehen 立っている		**stand**	stünde (stände)	**gestanden**
stehlen 盗む	*du* stiehlst *er* stiehlt	**stahl**	stähle	**gestohlen**
steigen *s.* 登る		**stieg**	stiege	**gestiegen**
sterben *s.* 死ぬ	*du* stirbst *er* stirbt	**starb**	stürbe	**gestorben**
stoßen 突く	*du* stößt *er* stößt	**stieß**	stieße	**gestoßen**
streichen なでる		**strich**	striche	**gestrichen**
streiten 争う		**stritt**	stritte	**gestritten**
tragen 運ぶ	*du* trägst *er* trägt	**trug**	trüge	**getragen**

不 定 詞	直説法現在	直説法過去	接続法第2式	過 去 分 詞
treffen 会う	*du* triffst *er* trifft	**traf**	träfe	**getroffen**
treiben 駆りたてる		**trieb**	triebe	**getrieben**
treten *s.* 歩む	*du* trittst *er* tritt	**trat**	träte	**getreten**
trinken 飲む		**trank**	tränke	**getrunken**
trügen だます		**trog**	tröge	**getrogen**
tun する	*ich* tue *du* tust *er* tut	**tat**	täte	**getan**
verderben だめにする	*du* verdirbst *er* verdirbt	**verdarb**	verdürbe	**verdorben**
vergessen 忘れる	*du* vergisst *er* vergisst	**vergaß**	vergäße	**vergessen**
verlieren 失う		**verlor**	verlöre	**verloren**
wachsen *s.* 成長する	*du* wächst *er* wächst	**wuchs**	wüchse	**gewachsen**
waschen 洗う	*du* wäschst *er* wäscht	**wusch**	wüsche	**gewaschen**
weichen *s.* よける		**wich**	wiche	**gewichen**
weisen 指示する		**wies**	wiese	**gewiesen**
wenden 向ける	*du* wendest *er* wendet	**wandte** **(wendete)**	wendete	**gewandt** **(gewendet)**
werben 募集する	*du* wirbst *er* wirbt	**warb**	würbe	**geworben**
werden *s.* (…に)なる	*du* wirst *er* wird	**wurde**	würde	**geworden**
werfen 投げる	*du* wirfst *er* wirft	**warf**	würfe	**geworfen**
wissen 知っている	*ich* weiß *du* weißt *er* weiß	**wusste**	wüsste	**gewusst**
wollen …するつもりである	*ich* will *du* willst *er* will	**wollte**	wollte	**gewollt**
ziehen 引く		**zog**	zöge	**gezogen**
zwingen 強いる		**zwang**	zwänge	**gezwungen**

身につくドイツ文法〈Leicht〉^{2}

2020 年 4 月 1 日　初版発行

著　者　前　田　良　三
　　　　髙　木　葉　子
発行者　大　井　敏　行
発行所　株式会社 郁文堂
113-0033 東京都文京区本郷 5-30-21
電話［営業］03-3814-5571 ［編集］03-3814-5574
振替 00130-1-14981

印刷・製本　シナノ印刷

ISBN 978-4-261-01272-9